ANTIQUITÄTEN

Einleitung von Peter Philp
ins Deutsche übertragen von Britta Zorn

FALKEN-VERLAG ERICH SICKER KG · WIESBADEN

ISBN 3 8068 4105 5

Herstellung: Druckerei Uhl, Radolfzell

8 7 6 5 4 3 2 1

Inhalt

EINLEITUNG	*Peter Philp*	6
MÖBEL	*Peter Philp*	8
SILBER	*Margaret Holland*	28
UHREN	*Kenneth Blakemore*	44
SCHMUCK	*Joseph Sataloff*	58
KERAMIK		
Allgemeine Einleitung	*Peter Philp*	66
Töpferwaren	*Peter Philp*	68
Porzellan	*John Cushion*	80
MINIATUREN UND SCHERENSCHNITTE	*Richard Allen*	96
STICHE, RADIERUNGEN UND LITHOGRAPHIEN	*Max Wykes-Joyce*	100
SKULPTUREN UND BRONZEN	*Jeremy Cooper*	108
GLAS	*Gabriella Gros Galliner*	120
KLEINE SPEZIALITÄTEN	*Jean Latham*	136
INDEX		143
BILDQUELENVERZEICHNIS		142

Einleitung

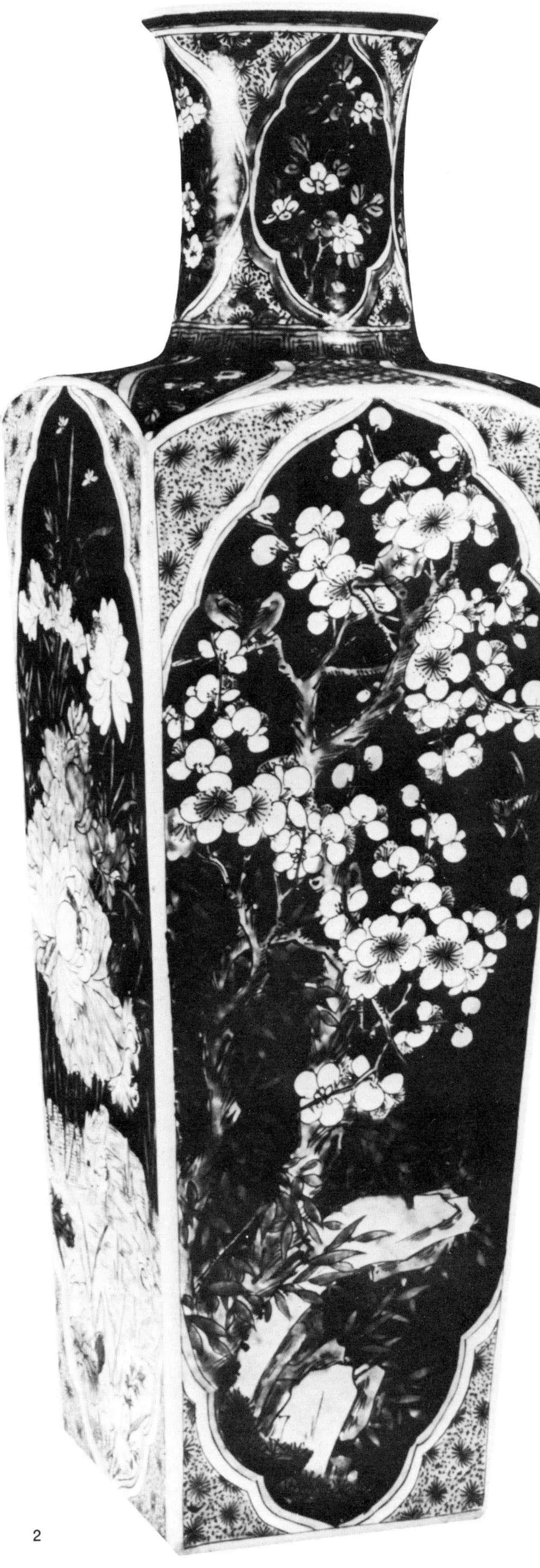

2

Wer Antiquitäten kauft, führt gewöhnlich zwei Hauptgründe für sein Interesse an: Entweder ist er leidenschaftlicher Liebhaber von alten Stücken, oder er verspricht sich ein Geschäft. Es lassen sich selbstverständlich auch edlere Motive finden, wie etwa das Bedürfnis, Zeugnisse der Vergangenheit zu bewahren oder der Wunsch, eine harmonische Heimatmosphäre zu schaffen. Aber ist es im Endeffekt wirklich nur die Freude am persönlichen Besitz, verbunden vielleicht mit offen eingestandenem Profitstreben, die uns auf die Suche treibt – wonach eigentlich?

Oft bekommen wir darüber erst Klarheit, wenn wir einen unerwarteten Fund heimgebracht haben. Selbst dann jedoch fühlen wir uns noch unsicher, wünschen uns bessere Kenntnisse und zweifeln an unserer Fähigkeit, zuverlässig oder zumindest instinktiv Original und Fälschung voneinander zu unterscheiden.

Dieses Buch vermittelt Grundlagen, ohne die die Jagd nach dem großen Geschäft zum teuren, wenn auch amüsanten Zeitvertreib werden kann; ein unerfahrener Käufer ist sicher besser bei einem renommierten Händler aufgehoben – der auch für die Echtheit seiner Stücke garantiert – als auf Märkten und bei Trödlern, wo er sich womöglich etwas aufschwatzen läßt.

In einem Auktionsraum herrscht fast immer eine geradezu berauschende Atmosphäre. Will man bei dem harten Wettbewerb einen vernünftigen Preis erzielen, muß man also vor allem einen kühlen Kopf bewahren. Katalogbeschreibungen gehören nur zu oft in den Bereich romantischer Fiktion, es sei denn, sie sind durch Expertisen großer Auktionshäuser gestützt. Am riskantesten ist der Kauf über Anzeigen »von Privat«. Im günstigsten Falle hat man als blindes Huhn ein Korn gefunden, im ungünstigsten war es glatter Betrug.

Das zunehmende Interesse an Antiquitäten und Nippsachen hat in den letzten Jahren kleine und große Läden wie Pilze aus dem Boden schießen lassen. Auf überfüllten Märkten drängen sich kleine Buden, in denen Gelegenheitshändler möglichst viele Laufkunden zu erreichen versuchen oder, wie etwa in New York, sich gegenseitig Schutz bieten gegen Antiquitätensammler mit rauhen Methoden. Auch auf vielen Messen finden sich Händler ein, um für 2 Tage bis 2 Wochen ihre Ware auszustellen.

Das Niveau kann recht unterschiedlich sein. Auf angesehenen Messen setzen die Aussteller ihren ganzen Stolz daran, nur das Feinste aus ihrem Lager anzubieten. Bevor sie ein Stück zum Verkauf freigeben, wird es erbarmungslos von Expertenteams untersucht, so daß Käufer und Händler weitgehenst sicher sein können – selbst vor Fehlern in der ursprünglichen Beschreibung. Auf der schlechtesten Messe kann der Qualitätsstand entsprechend erbärmlich

sein; das trainierte Auge erspäht dennoch manchmal ein lohnendes Objekt.

Ähnliches gilt auch für die Straßenmärkte – alte Reminiszenzen an östliche Basare –, die sich heute von Paris über Bermondsey und die Londoner Portobello Road, über Helsingborg in Schweden (nur Anfang August für etwa zehn Tage geöffnet) bis in verstreute Zentren an der Westküste von Amerika erstrecken. Vieles, was auf diesen Flohmärkten angeboten wird, ist wertlos. Dennoch lassen sich auch echte Stücke zu realistischen Preisen finden. Dazu braucht man allerdings den Kennerblick und gelegentlich die Bereitschaft, bis tief in die Nacht aufzubleiben oder in aller Frühe aufzustehen.

Unter den Händlern gibt es die verschiedensten Typen: Einige sind ganz ohne Zweifel Betrüger. Es sind aber auch arbeitslose Schauspielerinnen dabei, die ihre Wissenslücken mit Charme zu überdecken versuchen. Den Kern darf man jedoch als ehrliche, fleißige und gut informierte Markthändler bezeichnen. Oft sind es junge Leute, die hier eine harte Lehre durchmachen, um sich später als angesehene und hochrespektierte Händler niederzulassen. Mancher von ihnen erinnert sich dankbar an alte Kunden, die bereits zu seinem Käuferstamm gehörten, als das gesamte Handelsgut noch aus einer alten Karre am Straßenrand mit etwas verbeultem Blechzeug und angestoßenem Porzellan bestand.

Der systematische Ankauf von Antiquitäten ist, wie viele andere Tätigkeiten im Leben, größtenteils eine Frage des Lernens: Mit denen Schritt zu halten, deren Beruf oder Hobby es ist, sich mit Antiquitäten zu beschäftigen. Das kann höchst unterhaltsam, hin und wieder aufregend, manchmal frustrierend und gelegentlich sogar katastrophal sein. Der Käufer erspart sich viel Ärger, wenn er über das Objekt, das ihn besonders interessiert, alles zu erfahren sucht und sich vor allem von allgemein verbreiteten Fehleinschätzungen freimacht. Alter allein macht ein Stück nicht wertvoll; es muß auch gut verarbeitet sein. Der unerfahrene Sammler verwechselt oft Schönheit mit oberflächlicher Pracht, und er braucht Zeit und Mühe, um die Reinheit in Form und Linie schätzen zu lernen.

Seltenheit muß nicht gleichbedeutend sein mit Güte. Der fortgeschrittene Sammler wird aber oft die Einzigartigkeit höher schätzen als alles andere, so daß ihn Freunde, Familienmitglieder und selbst Sammler eher für einen »Spinner« halten. Man sollte übrigens von anderen Antiquitäten-Narren nicht zu viel Sympathie erwarten. Der Spezialist, vom Ästheten als Fanatiker beschimpft, bringt es fertig und nennt den Sammler, der sein Heim nicht zu einem Museum machen will und Antiquitäten eher nach Nützlichkeit und Geschmack aussucht, als reinen Dekorateur. Finanziell gesehen werden Investition und Spekulation leicht miteinander verwechselt. Ein Sammler investiert; ein Händler spekuliert. Diese Rollen überschneiden sich oft, werden umgedreht oder ausgetauscht, das Prinzip bleibt jedoch das gleiche. Da die Preise für einige Antiquitätengruppen in den letzten Jahren sehr rasch gestiegen sind, war es möglich, mit geringen Anstrengungen und wenig Kenntnissen ansehnliche Gewinne in kurzer Zeit zu erzielen. Es besteht aber die Gefahr, daß Antiquitäten, die zu sehr als Handelsware betrachtet werden, sich auch wie eine solche benehmen.

Abgesehen von unvermeidlichen Schwankungen durch die Mode, behalten die meisten Antiquitäten über Jahre hinweg gleichbleibende Wertschätzung. Vielleicht wird der Sammler sie am Ende seines Lebens einem Museum vererben, um seinen Hinterbliebenen eine Menge Steuern zu sparen. Zu seinen Lebzeiten liegen die Zinsen seiner Investitionen einzig in der Befriedigung, all die schönen Dinge, die andere gemacht und ihm hinterlassen haben, ausgewählt und gepflegt zu haben.

1 *Louis XVI-Spieltisch mit Einlagen aus Sèvresporzellan, signiert M. Carlin, JME. Ein besonders schönes Beispiel französischer Möbelkunst.*

2 *Hartporzellanvase mit Emailfarben bemalt, Blumenmotive aus Mandelbaum, Päonie, Lotus und Chrysantheme in den Farben der »famille verte« auf schwarzem Grund der »famille noire«. Chinesisch, K'ang Hsi Zeit.*

Möbel

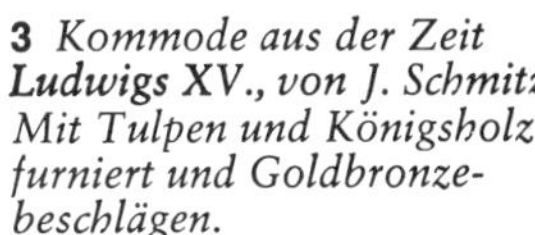

3 *Kommode aus der Zeit Ludwigs XV., von J. Schmitz. Mit Tulpen und Königsholz furniert und Goldbronzebeschlägen.*

Hier soll versucht werden, einem Möbel-Liebhaber, der Gotik nicht von Rokoko unterscheiden kann, ein wenig die Unsicherheit zu nehmen. Obwohl die Möbel-Stilrichtung seit frühester Zeit örtlich bedingte Individualität besaß, gab es Formen, die international waren und über Städte, Länder und Kontinente Verbreitung fanden; manchmal langsamer, manchmal schneller. Eine Zeitabweichung von etwa fünfundzwanzig Jahren ist beim Datieren eines provinziellen Stücks mit internationaler Stilrichtung normalerweise erlaubt, kann aber auf eine unzuverlässige Beschreibung deuten. Während einige in englischen und französischen Städten hergestellte Möbel des 19. Jahrhunderts nur den naiven Versuch zeigen, mit der Zeit Schritt zu halten, hätten viele New Yorker Produkte aus dieser Zeit in London oder Paris größte Anerkennung gefunden.

Die Muster und Formen waren der alten Welt von Ägypten, Griechenland und Rom nachempfunden. Dafür gab es gute Gründe. Die Stile erscheinen im Laufe der Geschichte immer wieder und bilden die Grundlage für die vielen verschiedenen Modeströmungen. Seit ungefähr 1500 vor Christus benutzten die Ägypter Betten, Hocker, Stühle und Truhen. Sie waren solide mit Nuten und Federn oder mit Zapfen zusammengefügt. Beine und Füße waren als Pfoten geschnitzt, die Oberflächen furniert und mit Einlegearbeiten verziert. Die Griechen besaßen reich dekorierte Betten, die auf gedrechselten Beinen standen und tagsüber als Liegen dienten. Die Römer versahen ihre Betten mit Rücken- und Armlehnen und schufen damit die Grundform für das klassische Kanapee, das während der ersten Hälfte des letzten Jahrhunderts in ganz Europa und Amerika so beliebt war. Bei den Römern ebenfalls sehr beliebt war das curule, ein Hocker mit x-förmig gekreuzten Beinen, der in allen Stil-Epochen wieder auftaucht. Was von der Romanik des 13. Jahrhunderts überliefert wurde, ist von massiver, oft grober Art und häufig in leuchtenden Farben bemalt.

Der gotische Stil

Die Blütezeit der Gotik reicht von etwa 1200 bis 1600, erlebt aber viel später noch verschiedene Wiedergeburten: im 18. Jahrhundert durch Thomas Chippendale; im frühen 19. Jahrhundert durch die Regency Periode und im späten 19. Jahrhundert durch die Viktorianische Gotik. **5** Spitzbögen, verzierte Säulen, Faltwerk und menschliche Gestalten finden sich als Schnitzerei auf Möbeln der Frühgotik; häufig als Flachornamente, nur von großen, oft dekorativen Eisenbeschlägen unterbrochen. Eine Eichentruhe dieser Art ist für den privaten Sammler der begehrteste Fund aus jener Zeit. Sie ist aus Brettern zusammengefügt mit Eisennägeln oder Holzstiften. **6**

4 *Italienischer Frisiertisch mit Stuhl aus Bronze im klassischen Stil, nach griechischen und römischen Vorbildern im 18. Jahrhundert nachgearbeitet.*

5 *Bücherregal mit gotischem Maßwerk und Giebeln. England, viktorianische Zeit.*

5

6 *Gotische Eichentruhe, Plankenkonstruktion mit Bandscharnieren und eiserner Verschlußplatte. Englisch, Ende 15. Jahrhundert.*

6

7 *Englische Eichentruhe, Rahmenkonstruktion, etwa 1600.*

7

8 *Sogenannter Highboy, Nußbaum auf weiße Fichte furniert. Untergestell massiv Nußbaum. Amerikanisch, Neuengland um 1710.*

9 *Armstuhl mit dem Etikett von Giles Grendey, London, und den Initialen des Tischlers »HW«. Lackierte Buche mit Goldbemalung. Stück aus einer großen Garnitur, die für den Herzog von Infantado um 1730 in Lazcano, Nordspanien, angefertigt wurde.*

10 *Englischer Kastenstuhl, auch Chair genannt, Eiche, mit Faltwerk auf vier der Paneele und mit Renaissance-Ornamenten, 1525–50.*

Etwas später kamen Rahmenkonstruktionen auf: In einen Rahmen aus schmalen Leisten wurden Bretter eingesetzt, deren Kanten abgeschrägt waren, so daß sie in die Fugen des Rahmens paßten. 7 Kästen und Schränke, deren Paneele mit Faltwerk in der Art von gefalteten Leinen verziert waren, wurden so gebaut.

Die verhältnismäßig selten angefertigten Stühle wurden thronartig, mit hohen Rückenlehnen, Kastensitzen und geschlossenen Armlehnen gebaut. Sie waren bedeutenden Persönlichkeiten vorbehalten. **10** Weniger bedeutsame Persönlichkeiten saßen auf einem Hocker oder einer Bank gotischer Bauweise, d. h. mit Seitenstollen und Verstärkungsstreben unter dem Sitz, die durch die Stollen geführt und mit Keilen gesichert wurden. In den Speisesälen der Schlösser standen massive Tische für die gemeinsamen Mahlzeiten. Ihre abnehmbaren Platten ruhten auf schweren Böcken, damit sie leicht beiseite geräumt werden konnten. Solche Tische erscheinen auch heute auf dem Antiquitäten-Markt. Die Schwierigkeit liegt darin, zu prüfen, ob die meist aus Ulmenholz gefertigte Platte das Original ist oder ein späterer Ersatz. Hierzu bedarf man der Hilfe eines Spezialisten für alte Möbel.

Die Renaissance

Etwa gegen Ende 1400 studierte man erneut die romanische Architektur. In Italien arbeitete man viele Stücke in Form kleiner Gebäude, bemalte oder vergoldete das Holzwerk und besetzte es mit farbigen Steinen.

Wieder war das wichtigste Möbel die Truhe – italienisch »cassone« –, sarkophagförmig, mit geschwungenen Fronten und Seiten, aus Nußbaum- oder Zypressenholz; mit Reliefschnitzereien oder Darstellungen von Heiligen oder antiken Göttern geschmückt.

Ausgestattet mit Arm- und Rückenlehnen, wurde aus der Truhe eine große Bank, die »cassa panca«. Bequemer saß man aber in den aufkommenden Faltstühlen, bei uns als Luther- oder Dantestühle bekannt.

Frankreich interpretierte die Ideen der italienischen Renaissance auf eigene Weise. Dort regierten im 16. Jahrhundert Franz I. und Heinrich II. Von besonderem Interesse sind der »Dressoir« – eine Art Anrichtetisch mit Kastenaufsatz auf einem offenen Untergestell – und der »Armoire à deux corps«, ein aus zwei gleich großen Teilen bestehender Schrank. Ihre Untersätze waren mit Karyatiden, menschlichen Figuren, reich geschnitzt. Möbel dieser Art, lange Zeit außer Mode, sind heute sehr gefragt und werden zu Höchstpreisen gehandelt.

Englische Handwerker wurden sowohl direkt als auch indirekt von der Renaissance beeinflußt. Heinrich VIII. brachte italienische Tischler nach England an seinen Hof, um sie in Hampton Court arbeiten zu lassen. Etwa 1550 wurden zahlreiche Möbel, meist aus Eiche, aus den Niederlanden eingeführt. Besonders ihre Schnitzereien trugen oft typische italienische Merkmale. Sie waren in ihrem Ausdruck viel freier als die der traditionellen englischen Gotik.

Anstelle der Gemeinschaftstafel trat nun der häusliche Eßtisch auf Balusterbeinen. Seine ausziehbaren Teile verschwanden unter der Tischplatte. Diese Tischform wird noch heute hergestellt und kann – auf »alt« getrimmt – bestechend wirken. Normalerweise neigt Eichenholz dazu, ohne künstliche Hilfe bis in seine tiefsten Schichten hinein nachzudunkeln. Flecken auf der Unterseite sollten immer und überall mit höchstem Mißtrauen betrachtet werden.

Ebenfalls ein beliebtes Möbel aus elisabethanischer Zeit ist das Baldachinbett, dessen Stützen verlängerte Ausführungen der schon beschriebenen Tischbeine sind. Nur noch sehr wenige Betten sind wirklich so alt, daß sie einmal Königin Elisabeth zum Schlafen gedient haben könnten.

Mit Einführung des Farthingale-Stuhles, dessen fast quadratischer Sitz und dessen Rückenlehne gepolstert waren, konnten die Damen mit ihren Reifröcken bequemer sitzen, zumal keine Armstützen störten. Vor 1600 wurden diese Stühle nur einzeln oder zu Paaren hergestellt, nicht als mehrteilige Polstergarnituren.

Der jakobinische Stil überdauerte die Herrschft Jakobs I. – von dem er seinen Namen hat – um viele Jahre und reichte bis in die Zeit Karls I. Für Stücke aus den Jahren um 1650 ist auch der Begriff «cromwellianisch« gebräuchlich, etwa für Stühle ähnlich dem Farthingale-Typ, jedoch mit Leder bezogen und in Garnituren hergestellt, und für den sogenannten »gate-leg-table«. Im ländlichen England und in Amerika blieb dieser Stil bis über 1700 hinaus beliebt.

Als die ersten Siedler 1600 nach Amerika kamen, brachten sie nur wenige Möbel mit und mußten erst selbst welche herstellen. Die meisten der Übersiedler waren Engländer, nur wenige Holländer, Schweden, Deutsche oder Spanier. Ihre Möbelformen basierten deshalb größtenteils auf englischen Modellen. Sie zeigten ein paar kontinentale Einflüsse und, was sehr wichtig ist, deutliche regionale Besonderheiten, die ein Experte erkennen kann.

Zur Herstellung von Stuhl- und Tischbeinen in einer Vielzahl verschiedener Balusterformen wurde die Drehbank benutzt. Man verzierte flache Fronten mit symmetrischen

11 *Klapptisch auf drei gedrechselten Beinen mit heruntergeklappter Platte. Englisch, 17. Jahrhundert.*

Drechselarbeiten. Dazu klebte man zwei Holzstücke leicht aneinander, drechselte sie wie ein Teil und löste dann die Klebstelle wieder. So konnte man die flachen Seiten der Teile als Dekoration auf Truhen oder Schränken befestigen.

Geometrisch angeordnete Gesimse waren als Zierrat beliebt an Kommoden, die sich Anfang des 17. Jahrhunderts aus der Truhe entwickelten. Zunächst als Kasten mit Deckel gearbeitet, wurden sie mit einer oder zwei Schubladen am Boden ausgestattet; der Rest blieb kastenförmig. Die Fronten der Truhen waren oft mit Gesimsen versehen, um zusätzliche Schubladen vorzutäuschen. Nach und nach wurden die Kästen mit mehreren Schubladen gearbeitet, und der Deckel verschwand. In Deutschland begannen die Stileinflüsse der italienischen Renaissance sich erst nach 1500 auszuwirken. Sie blieben zunächst auf den süddeutschen Raum beschränkt, während Norddeutschland mit den Niederlanden, Skandinavien und England ein geschlossenes Gebiet bildeten. Künstler wie Albrecht Dürer und Peter Flötner zeichneten ornamentale Vorlagen, die auf Schränke und Vertäfelungen übertragen wurden. In Nürnberg entstand Anfang des 16. Jahrhunderts die architektonisch besonders streng gegliederte Truhe; in Ulm der zweistöckige »Ulmer Schrank«. Seine Fassade war von Pilastern und Nischen unterteilt, die allerdings nur aufgeklebt waren.

Eine besondere Stellung nahm Augsburg ein. Hier entwickelte man eine Fähigkeit in der Zusammenstellung verschiedener Hölzer, die in äußerst dekorativen Intarsien und Furnierarbeiten ihren Ausdruck fand. Namhafte Kunsthandwerker arbeiteten kostbare Kabinettschränke aus Ebenholz mit Einlegearbeiten. Sie wiesen damit den Weg vom überladenen Schnitzmöbel zu den späteren klaren Formen. Stühle – mit und ohne Armlehnen – kamen während des 17. Jahrhunderts verstärkt auf. Sie waren gepolstert oder ganz aus Holz gefertigt und hatten oft aus Binsen geflochtene Sitze. Rückenlehnen mit Stäben waren in England und Amerika als Triumph der Drechselkunst beliebt. Die amerikanischen Stühle zeigten einen deutlichen niederländischen Einfluß. Ihre als schwere Pfosten ausgebildeten vorderen Beine wurden bis zu den Armlehnen hochgezogen. Im süddeutschen Raum entstand der Bauernstuhl, ein Brettschemel mit geschnitzter Lehne und gedrechselten Beinen. Der ehemalige Faltstuhl wird fest gepolstert und verliert so seine ursprüngliche Funktion.

Der Schrank war auch in England und Amerika verbreitet. Dort hatte er seinen Ursprung in den höfischen Tellerschränken der elisabethanischen Zeit. In der jakobinischen Zeit wurden die einst offenen Borde nacheinander erst teilweise, dann ganz mit Seitenteilen und Türen verkleidet. So entstand der Wäscheschrank, wie wir ihn heute kennen. Der ursprüngliche Typ hielt sich am längsten in Wales, wo er noch im späten 18. Jahrhundert gebaut wurde.

Ebenfalls aus dieser Zeit stammen die Anrichten. Sie entstanden aus Kredenztischen, eigentlich kleinen Schränken mit Säulenbeinen und normalerweise drei nebeneinander in die Zarge gebauten Schubladen. Anfänglich trugen sie keine Tellerborde. Doch mit der zunehmenden Vorliebe für Delfter Fayencen im 17. Jahrhundert setzte man Borde auf die Anrichten, um sich am Anblick der aufgestellten Fayencen erfreuen zu können. Später wurden die Anrichten mit festem Aufbau versehen. Was in England als Waliser Anrichte bekannt ist, entstand nicht in Wales, erfreute sich aber dort so großer Beliebtheit, daß man drei Typen entwickelte. Im Süden wurde die Anrichte mit Schubladen im unteren Teil und mit offenen Topfborden ausgestattet, in Westwales hatte sie drei Schubladen und zwei offene Borde im Unterbau, in Nordwales war der gesamte Unterbau mit Türen und Schubladen geschlossen. Diese drei Typen entstanden zwar nicht in der jakobinischen Zeit, stellen aber eine Tradition bäuerlicher Möbelkunst dar.

Das Barock

Barock heißt wörtlich »ungleichmäßige Perle« und bedeutete in der Kunst vollkommene Schönheit, eigenartig und grotesk übertrieben. Entstanden in Italien gegen Ende der Renaissance, bediente sich die Barock-Kunst einer Vielfalt von Materialien und Formen. Typisch war der »s«-förmige, hakenähnliche Bogen. Die Schmuck-Ornamente bestanden unter anderem aus Blumengirlanden mit kletternden Engeln – umgeben von Kartuschen und Schnecken – aus Spiralsäulen, grinsenden Satyren, Negersklaven als Atlanten und griechische Göttinnen, die auf Gesimsen standen. **15** All das wurde in der zweiten Hälfte des 17. Jahrhunderts von den hervorragenden Künstlern, die in Frankreich für Ludwig XIV. das Schloß von Versailles bauten, unter Kontrolle gebracht. Lange vergessene Techniken wurden wiederentdeckt, wie Einlegarbeiten, Täfelungen und die dazu notwendige Verarbeitung des Furniers.

Furnieren ist das Verkleiden von Weichholz, rissiger Eiche oder Kiefer, mit relativ dünnen und fein geformten Holzplatten. Abgesehen von der Verbilligung des Möbelstückes lassen sich damit Effekte erzielen, die mit massivem Holz unmöglich sind. Marketerien werden die Einlegearbeiten genannt, die mit verschiedenen Holzfurnieren zu einem Muster in einen Furnierrahmen eingepaßt werden.

12 *Louis XVI-Schreibschrank mit Marketerie und Parketteinlagen.*

13 *Südwalisische Anrichte, Eiche, etwa 1820.*

13

Bei der Parkettarbeit werden kleine Furnierstücke zu geometrischen Mustern zusammengesetzt, so daß der Kontrast ihrer Farben und entgegenlaufenden Maserungen den Eindruck eines plastischen Bildes hervorruft.

Eine ganz spezielle Marketerie-Technik wendete der französische Kunsttischler Boulle an. Er paßte zwei Platten aus Schildpatt oder Elfenbein und Messing oder Zinn aufeinander, sägte aus der oberen ein arabeskenhaftes Muster heraus und verleimte dann die beiden Platten. Mit den so entstandenen Ornamenten wurden die Möbel dann belegt. Diese Technik wurde in Abständen immer wieder aufgenommen, besonders in England während der Regency Periode (1800–30) und in Frankreich und England um 1860. Die meisten Boulle-Möbel auf dem heutigen Markt entstammen dieser letzten Zeit.

Das Barock kam etwas verspätet nach England, das vom Bürgerkrieg zerrissen und vom nachfolgenden Protektorat unter Oliver Cromwell unterdrückt worden war. Aber als 1660 die Monarchie wieder eingesetzt wurde, brachte Karl II. aus seinem Exil auf dem Kontinent die neuesten Ideen von Komfort und Eleganz mit. Äußerst geschickte Ebenisten begannen Furnier zu verarbeiten und Marketerie in Blumenmustern oder im sogenannten Seetang-Ornament auszuführen, indem sie etwa helles Holz mit dunklem, zum Beispiel Ebenholz, kombinierten.

Stühle waren groß, mit gewölbten Rückenlehnen und schmalen Rohrsitzen. Die Abschlußstreben am Rücken und der Steg zwischen den vorderen Beinen waren reich geschnitzt. Ein beliebtes Muster bildeten zwei Engel, die eine Krone trugen. **17** Die Beine waren zu Spiralen oder in Balusterform gedrechselt. Die Armstühle waren ähnlich, aber breiter im Sitz und mit schneckenförmig nach unten gezogenen Armlehnen-Ende. Einige wurden dick gepolstert mit Genueser Samt, der sehr teuer war, da er importiert werden mußte. Nur sehr reiche Leute konnten sich ein Settee (Doppelstuhl) oder ein Tagbett leisten, das nach dem Vorbild der Flechtstühle gearbeitet war und eine verstellbare Kopfstütze besaß.

Bezeichnend für England war der Wechsel von Eiche zu Nußbaumholz. Es wurde sowohl massiv als auch im Furnier verarbeitet und bei der Marketerie durch Goldregen, Olive, Ebenholz und eine Reihe anderer Hölzer ergänzt. **16** Eine andere Neuheit waren die Lackarbeiten, die von den ostindischen Handelsgesellschaften nach Europa eingeführt wurden. **14** Diese »Kabinett« genannten Schränke auf geschnitzten und vergoldeten Beinen wurden bald in fast ganz Europa nachgeahmt. Lackmalereien kamen bei Künstlern und Laien in Mode. **9** Die Welle erreichte Amerika gegen 1700. Bis zum Ausbruch der Revolution wurden Lackmöbel in Boston mit geringen regionalen Besonderheiten kommerziell hergestellt.

Zwischen 1685 und 1700 verließen Tausende von Hugenotten Frankreich, um in Holland und England Schutz zu suchen. Viele von ihnen waren Kunsttischler, Weber und Silberschmiede. Daniel Marôt, ein hochbegabter Kabinett-Bauer und Zeichner, ging nach Holland, um bei Wilhelm von Oranien, der 1689 mit seiner englischen Frau Mary den englischen Thron bestieg, Anstellung zu finden. **18** All das hatte zur Folge, daß England in den letzten 15 Jahren des 17. Jahrhunderts sich eine Vielzahl französischer und niederländischer Ideen zu eigen machte.

Die vielleicht auffälligsten Entwicklungen waren Textilindustrien, die Polstermaterial herstellen konnten; die Verbesserung der Spiegelqualität und -größe und die Ablösung des geschwungenen Beines zugunsten des gedrechselten. Stuhlbeine bekamen eine betonte Kuppel am oberen Teil sowie einen konisch zulaufenden Schaft und kräftige Kugelfüße. Dann folgte ein »S«-förmig geschwungenes Bein, das bald zum Cabriolbein oder Bocksfuß abgeändert wurde. Die oberen Ränder der Kabinett-Schränke wurden in zwei Giebel geteilt.

In Amerika blieb der William-and-Mary-Stil noch lange über Williams Tod hinaus erhalten. Das ist verständlich, da die Möbelstücke leichter und weniger überladen waren als ihre englisch-niederländischen Gegenstücke. Beliebt waren Kommodenschränke, auf Untersätze gestellte Kommoden, auch Highboys genannt. **8** Schreibschränke mit Spiegeltüren, geschwungene Armstühle, Grate-leg-Tische mit ovalen Platten und gedrechselten Beinen fanden ebenfalls großen Anklang. In Amerika gab es in der ersten Hälfte des 18. Jahrhunderts drei Möbelzentren: Philadelphia, Boston und Newport. Hier schuf Job Townsend ein Motiv, das als unentbehrlich für amerikanische Möbel galt. Er schnitzte sowohl an Kommoden als an Kommodenschränken eine vertiefte Muschel in die Verblendung unterhalb der untersten Schublade. **21**

In Deutschland konnte sich das Barock erst nach dem 30jährigen Krieg entwickeln. Die Grundtypen der Möbel änderten sich dabei nur wenig, fast ausschließlich die Deko-

14

15

14 *Chinesisches Lackkabinett mit Einlegearbeiten, vergoldetes Untergestell, vor Wandteppich.*

15 *Florentiner Pietra Dura Kabinett mit Vögeln und Blumen. Italien, 17. Jahrhundert, Untergestell frühes 19. Jahrhundert.*

16 *Schubladenkommode mit Hirnholzfurnier und Eibenmarketerie. England, etwa 1685.*

rationen. Als Material wurde größtenteils poliertes Nußbaumholz verwendet und mit Einlegearbeiten in Form von Wurzelmaserung verziert. Im Schnitzwerk überwogen die Spindelsäule und das Akanthusblatt, die später vom Ohrmuschel-Ornament abgelöst wurden.

Einer einheitlichen Stilentwicklung stand die politische Zergliederung des Landes entgegen. Norddeutschland bildete von Hamburg bis Danzig ein kulturell einheitliches Gebiet, das holländischen Einflüssen unterlag. Der norddeutsche Schrank trägt ein ausladendes Gesims, einen geschwungenen oder durchbrochenen Giebel. Eine führende Rolle spielte Hamburg, wo man einen großen, zweitürigen Schrank auf gedrückten Kugelfüßen entwickelte. Er hatte eine von Pilastern durchbrochene Fassade, ovale, von Schnitzwerk umgebene Füllungen in den Türen, Schubladen im Sockel und ein gerades Gesims. Südlich des Mains blieben Frankfurt, Nürnberg und Augsburg tonangebend in der Möbelkunst. Der schon erwähnte Ulmer Schrank und der Frankfurter Wellenschrank waren besonders beliebte Exemplare bürgerlicher Tischlerkunst.

München, Dresden und Berlin als bedeutende Residenzen waren gleichzeitig wichtige Kunstzentren. Hier entwickelten sich elegante Stilformen nach ausländischen Vorbildern. Kurfürst Ferdinand ließ in München an seinem Hof leichte Tische in Boulle-Technik anfertigen, und Josef Effner, der in Paris studiert hatte, stattete für Max Emanuel die Residenz und das Schloß Schleißheim aus. In Dresden arbeitete nach einer kurzen Berliner Zeit Martin Schnell als Hoflackierer. Er erschuf den Dresdener Schreibschrank mit gebrochenem Giebel, der nach englischen Vorbildern entstand. Es war ein ausgesprochenes Prunkmöbel. Hinter der herunterklappbaren Pultplatte verbarg sich ein mit vielen Schubfächern versehener Mittelteil, der häufig noch ein Schließfach enthielt.

Auch in Deutschland war der Sessel für den täglichen Gebrauch schwer, er besaß eine hohe Rückenlehne und kräftige Seitenteile, war mit Ledergeflecht bezogen und stand auf Baluster- oder Volutenbeinen. Die Schnitzereien zeigten Bandwerk und das für die Zeit typische Akanthusblatt. Die Tische, anfangs noch mächtig und gedrungen wirkend, wurden zunehmend leichter und schwungvoller gestaltet.

Während des ganzen 18. Jahrhunderts wurden Beschläge und Griffe aus Messing gefertigt, jedenfalls an Luxusmöbeln. Originalbeschläge werten zwar ein Stück auf, man sollte jedoch kein reizvolles Objekt geringschätzen, nur weil die Beschläge später ersetzt worden sind. Ebensowenig sollte eine Voreingenommenheit für feine Möbel das Interesse an Bauernmöbeln mindern. Der binsenbezogene Stuhl mit Sprossen- oder Mittelblattlehne war aus Esche oder Buche gefertigt, in Amerika auch aus Ahorn. In den Jahren um 1750 und 1760 wurden feine lederbezogene Stühle aus Mahagoni hergestellt.

Das Rokoko

Während unter der Regentschaft der Königin Anna die Möbel in England und Amerika femininer wurden, setzte unter Georg I. (1714–27) eine maskuline Gegenwelle ein,

16

die von dem Architekten William Kent geprägt wurde. Er nahm recht extravagante stilistische Einflüsse des prunkvollen italienischen Barock auf, aber sein Werk blieb reine Auftragsarbeit großer Häuser. Frankreich blieb bis 1715 unter der Herrschaft Ludwig XIV. Ihm folgte sein Urenkel Ludwig XV. Bis zu dessen Volljährigkeit übernahm sein Onkel, Philip von Orleans, das Amt des Regenten. Die Epoche des Régence ist wichtig wegen ihrer Reaktion auf den schweren Stil von Versailles. Anführer dieser künstlerischen Revolution war Charles Cressent, Herzog Philips Hoftischler. Er entwickelte geschwungene Rumpfformen, insbesondere Kommoden mit gewölbten Fronten und Seiten, und erweiterte die Anbringung von Applikationen durch die Verwendung von Goldbronze. **3** Die Wirkung war zwar noch schwer, die schwingenden Bögen aber täuschten eine feminine Weichheit vor, die erst im Rokoko Ludwigs XV. voll zur Blüte kam. Rocaille bedeutet Grotten- und Muschelwerk. Grotten und Muscheln traten tatsächlich oft auf. Ebenso Blumen und Blattwerk, Bandelwerkornamente und absurde Chinoiserien. Gerade Linien wurden, wo immer es ging, durch Bögen ersetzt. Die Oberflächen wurden mit exotischen Hölzern furniert, die Rahmen der Sitzmöbel bemalt, vergoldet oder in der natürlichen Holzfarbe belassen. Tischbeine wurden furniert, nicht aber Stuhlbeine, abgesehen von Neuauflagen des 19. Jahrhunderts.

Die viktorianischen Nachbildungen französischer Möbel der großen Perioden sind oft von feiner Qualität. Die Originalstücke kann sich kaum jemand leisten, besonders wenn sie von einem Handwerker hergestellt worden sind, der einer Zunft angehörte und deshalb sein Produkt signierte. **22** Einige der besten Handwerker waren von dieser Pflicht freigestellt, vorzugsweise ausländische Immigranten.

Das französische Rokoko war eine Schöpfung durch

17 *Barockstuhl mit geschnitzter Nußbaumlehne. Art von Daniel Marôt, England um 1696.*

18 *Stuhl aus der Zeit Karls II., soll Nell Gwynn gehört haben. Lehne und Querstreben reichgeschnitzt mit gekrönten Büsten und Putten.*

17

18

internationale Talente. Viele der besten Tischler waren gebürtige Franzosen, wie Leleu, der bei dem mächtigen Oeben lernte und hoffte, eines Tages dessen Geschäft zu übernehmen. Oebens Witwe fand aber mehr Gefallen an Riesener, einem deutschen Immigranten.

Diese einfallsreichen Kunstschreiner stellten eine bemerkenswerte Vielzahl von Tischen, Schreibtischen, Stühlen, Settees und vorzüglichen Kommoden her. Blumen und Landschaften wurden in Marketerie dargestellt, Schäferszenen auf Füllungen gemalt und mit einem speziellen, von den Brüdern Martin erfundenen Lack behandelt. Diese Technik wurde als Vernis Martin bekannt.

Das englische und ihm eng verwandte amerikanische Rokoko sind im allgemeinen nüchterner als das französische, obwohl sein bekanntester Künstler, Thomas Chippendale, in seinem 1754 herausgegebenen Buch »The Gentleman and the Cabinet Maker's Director« auch einige frivole Entwürfe aufführte. **23** Die verschiedenen mit seinem Namen verbundenen Stile lassen sich am klarsten an den Stühlen aus seiner Zeit erkennen. Ein sehr bekanntes Stuhl-Modell war mit einem gesägten Mittelblatt versehen und besonders schön mit Bandwerkornamenten ausgearbeitet. Der Stuhl hatte Cabriolbeine, die in Volutenfüßen nach französischer Art endeten oder auf Ball- und Klauenfüßen beziehungsweise Löwentatzen standen. Reproduktionen dieser Stühle gibt es in Mengen; Originalsätze sind kaum zu finden und dementsprechend unerschwinglich. Vorsicht vor Gelegenheitskäufen!

Der Begriff »Chinesisches Chippendale« wird für Stühle mit eckigen Beinen gebraucht, deren Arm- und

19

19 *Französischer Armstuhl aus vergoldetem Holz, etwa 1775. Die Bergère, wie diese Form genannt wird, hat geschlossene Seitenteile und lose Sitzkissen, im Gegensatz zum Sessel, dessen Kissen fest sind.*

20 *Chippendale-Stuhl, Nußbaum. Philadelphia um 1760.*

Rückenlehnen wie chinesische Fenster mit schmalen Leisten aufgeteilt sind. Diese Chinoiserien findet man aber vornehmlich an geschnitzten und vergoldeten Spiegelrahmen mit kleinen Mandarinen, Drachen, exotischen Vögeln und Pagoden. Pagodendächer setzte man auch auf Bücherschränke und Kabinette.

Die »Chippendale Gotik« nahm Merkmale wie das Rosettenfenster, die Bündelsäule und den Spitzbogen wieder auf, ohne jedoch als mittelalterlich gelten zu wollen. Eiche, das typisch gotische Material, wurde selten gebraucht. Modeholz war Mahagoni, das seit 1720 aus Kuba und Honduras importiert wurde. Das Mahagoni-Holz blieb über ein halbes Jahrhundert Favorit, bis Satin-Holz aufkam; vollkommen verdrängen konnte es das bis heute beliebt gebliebene Mahagoni indessen nicht. Der Chippendale-Stil kam etwa 1760 nach Amerika und fand dort außergewöhnlichen Anklang. Nahezu alle englischen Spielarten wurden aufgenommen, bis auf die Schubladenkommode mit glatter Front. Sie unterlag mehr dem deutschen Einfluß. In Newport war John Goddard auf Kommoden spezialisiert und schmückte sie mit einem besonders großen, geschnitzten Muschelmotiv. William Savery in Philadelphia stellte sehr feine Chippendale-Möbel her, während Thomas Affleck und Benjamin Randolph mehr dem Rokoko zugeneigt blieben und den Ball- und Klauenfuß weiterhin ausführten. Der Stil hielt sich bis gegen 1785. **20** Es bedarf besonderer Kenntnisse, um die äußerst feinen Unterschiede zwischen englischem und amerikanischem Chippendale zu erkennen. Amerikanische Stühle haben beispielsweise etwas engere Sitze als englische.

20

21

21 *Highboy mit dazupassendem Seitentischchen, Nußbaum. Salem, Massachusetts, USA, etwa 1750–69.*

22 *Name des französischen Möbeltischlers Lardin, eingepreßt in das Holz seiner Möbel, wie es den Vorschriften der Gilde und des Gesetzes entsprach. Diese Namenszüge befanden sich in der Regel an unsichtbaren Stellen der Rahmen versteckt.*

22

22

Die Neo-Klassik, Klassizismus

Während sich das Rokoko in Amerika bis lange nach dem Unabhängigkeitskrieg hielt, verlor es in Frankreich um 1755 und in England um 1760 an Beliebtheit. Die Folge war eine Rückkehr zur Strenge, zu geraden Linien, Ovalen und Kreisen anstelle von Rocaillen und Ohrmuschelwerk. Ausgrabungen der römischen Städte Pompeji und Herkulaneum entfachten die Begeisterung für klassische Säulen, Vasen, Widderköpfe, Trophäen, klassisch gekleidete Figuren und all die Ornamente, die mit dem Stil von Adam in England und Ludwig XVI. in Frankreich verbunden sind, obwohl der Stil schon verbreitet war, bevor Ludwig den Thron 1774 bestieg. **12**

In der Übergangsphase zwischen Rokoko und Klassizismus spielte die Ornamentik eine führende Rolle. Die Möbelformen änderten sich nur langsam; zunächst wurde lediglich das Cabriolbein durch ein gerades Bein ersetzt. Sehr beliebt blieb im »Louis Seize« die Verarbeitung von Porzellanplatten aus der königlichen Manufaktur von Sèvres.

Von den beliebten Möbeln blieben die meisten in veränderter Form erhalten: das »bureau plat«, ein flacher Schreibtisch; das »bonheur-du-jour«, ein Damenschreibtisch mit kleinem Aufsatz; die »Bergère«, ein geschlossener Armstuhl mit losem Sitzkissen; **19** und der »Fauteuil«, ein Armstuhl mit gepolstertem Rücken, offenen Seiten und ohne Kissen. Eine der Töchter Ludwigs XV. schrieb in ihren Memoiren, daß einzig ihre geliebte »Bergère« sie davon abgehalten habe, in ein Kloster einzutreten.

Nach seiner Rückkehr von einer Reise auf den Kontinent übernahm 1758 Robert Adam in England die Führung als Klassizismus-Designer. Er war Architekt, und nahezu alle englischen Möbel des ausgehenden 18. Jahrhunderts tragen Merkmale seiner Kunst. An den markanten Stellen des Mobiliars sind Vasen, Widderköpfe und korinthische Säulen angebracht. Es gab aber auch vereinfachte Formen für bescheidenere Ansprüche.

Zu dieser schlichteren Version zählen die glatten aber schönen Stücke aus Mahagoni, Schubladenkommoden, Pembroke-Tische mit schmalen Klappteilen, ovale oder schildförmige Toilettenspiegel, Sideboards, Stühle auf quadratischen, spitz zulaufenden Beinen, Herrengarderoben-Schränke mit Türen oben und Schubladen darunter. Sie wurden von Kunstfreunden, die reichere Dekorationen liebten – etwa bemaltes Seidenholz, geschnitzte und vergoldete Sitzmöbel sowie halb-elliptische Kommoden mit Marketerie-Verarbeitung aus den Jahren um 1770 bis 1780 – geringschätzig »braune Möbel« genannt. Dennoch bleiben sie für Liebhaber schlichter Formen ein lohnender Kauf. **26**

Hepplewhites Zeichnungen wurden 1788, zwei Jahre nach seinem Tod, von seiner Witwe veröffentlicht. Die von ihm gezeichneten Beine für Tische und Stühle waren meist quadratisch oder leicht gedrechselt und spitz nach unten zulaufend. Eine elegante Form des Cabriolbeines blieb dem »Französischen Hepplewhite« vorbehalten. **27** Stuhlrücken waren oval, schild- oder herzförmig, selten eckig. Die typische Schnitzerei mit hängenden Schoten, Glockenblumen, Ährenbündeln und Reiherfedern wurde verfeinert und ist unerläßlich bei guten Hepplewhite-Möbeln.

George Hepplewhite scheint der Erfinder des kompakten Sideboards mit Türen und Schubladen und spitzen Beinen zu sein. Das neue Sideboard unterscheidet sich deutlich von der früheren Anrichte, neben der zwei Schränkchen mit wassergefüllten Urnen standen. Das amerikanische Sideboard im Hepplewhite-Stil hat eine besondere Form. Es hat eine elegante, geschwungene Front und sehr einfache Ornamente, die oft auf die Maserung des Seidenholzes oder des Ahorns beschränkt blieben. Die bei englischen Exemplaren gelegentlich zu findende Mittelöffnung wird bei der amerikanischen Ausführung oft von einer Schublade ausgefüllt.

Robert Adams Einflüsse haben sich auf die amerikanischen Möbel sichtbar nicht ausgewirkt. Seine Zeichnungen wurden in Übersee nicht veröffentlicht, und der Ausbruch der Unabhängigkeitskriege 1765 verzögerte den Beginn des Klassizismus, so daß schließlich nur noch die von Hepplewhite und Sheraton abgemilderte Stilart verwirklicht wurde.

Thomas Sheraton war Möbelhändler, bevor er nach London kam und sich als Zeichner niederließ. Es gibt kein Möbelstück, das mit Sicherheit aus seiner Hand stammt; denn im Gegensatz zum französischen Brauch sind englische Möbel des 18. Jahrhunderts selten signiert. Sheratons Zeichnungen wurden 1791 veröffentlicht. Sie gaben den Geschmack jener Zeit anschaulich wieder, obwohl es besonders bei amerikanischen Möbeln oft schwer zu sagen ist, ob ein Stück mehr von Hepplewhite oder von Sheraton beeinflußt wurde.

Das Empire

Nach der Französischen Revolution setzte eine heftige Reaktion auf den verschwenderischen Pomp der Aristo-

23 *Spiegel in vergoldetem Holzrahmen, Chippendale Rokoko, England, Zeit Georg III.*

24 *Viktorianisches Sofa, England, Mitte 19. Jahrhundert.*

kratie ein. Einige Pariser Tischler stellten nun schlichte Möbel her, zwar noch im klassizistischen Stil, aber ohne viel Zierat. Über eine kurze Zeit hinweg wurde diese Stil-Epoche als »Directoire« bekannt. Eine mehr geistige Anlehnung an das alte Rom, Griechenland und Ägypten brachte Stühle mit Säbelbeinen, Couchen mit gedrehten Beinen und gerollten Füßen und von sphinxähnlichen Figuren getragene Tische. Diese Muster wurden bewußt übertrieben, um das Kaiserreich unter Napoleon (1804–1815) zu verherrlichen. Der Korse ließ in Paris von ungezählten Handwerkern große Mengen von Möbeln herstellen.

Eine ähnliche Mode breitete sich in England aus, wo sie »Regency« genannt wurde und von 1800 bis 1830 anhielt. Unter der Führung der Zeichner Henry Holland und Thomas Hope wurden von Kunsttischlern wie George Smith einige hübsche und recht dekorative Stücke in den Handel gebracht, die allerdings weniger prachtvoll als die französischen waren. Charakteristisch sind Sofa-Tische mit kurzen abklappbaren Seitenteilen, runde Tische auf pyramidenförmigen Mittelsäulen, Stühle mit Säbel- oder gedrehten Beinen und kleine Bücherschränke mit Gittertüren, die messingverglast und mit Seide bespannt waren. Messing wurde häufig bei komplizierten Einlegearbeiten in Palisander und Mahagoni verwendet.

In Deutschland dominierte um die gleiche Zeit ein vereinfachter und verbürgerlichter Empire-Stil, der dann ins Biedermeier überging. Die Möbel waren schlicht, geschmackvoll und sehr solide gearbeitet. Sie wirkten durch schönes Furnier aus heller Birke, Esche oder Kirschholz. In Süddeutschland und Österreich wurden zusätzlich schwarze Einlagen verarbeitet. Das Sofa hatte gebogene Armlehnen, oft in Form von Füllhörnern oder Schwänen mit gebogenem Hals. Der Tisch war oval und stand auf vier Beinen oder einem dreigeteilten Säulenfuß. Nähtischchen, Etagèren und Vitrinen waren beliebt, ebenso die sogenannte Psyche, ein im Rahmengestell drehbarer Spiegel.

Historismus und Viktorianischer Stil

Beide Richtungen übernahmen praktisch alle bekannten Stile – Gotik, Renaissance, Barock, Rokoko und Klassizismus – und ergänzten sie jeweils nach eigenem Geschmack. Freilich entstanden Möbel, die etwas zu aufdringlich das Selbstbewußtsein des 19. Jahrhunderts zur Schau stellten, trotzdem entstanden in dieser Zeit einige besonders entzückende Salon-Einrichtungen. **24**

Die »Neo-Renaissance« brachte schwere Büffets und Kredenzen. Es folgten die vollgestopften Zimmer mit Drapierungen und künstlichen Blumensträußen, die nach dem Wiener Maler Makart benannt wurden.

Eine neue Idee kam zu der Zeit lediglich von Michael Thonet, der in Wien arbeitete: Er erfand 1830 eine Methode, wonach verklebte Eichenfurniere sich über Wasserdampf

25

26

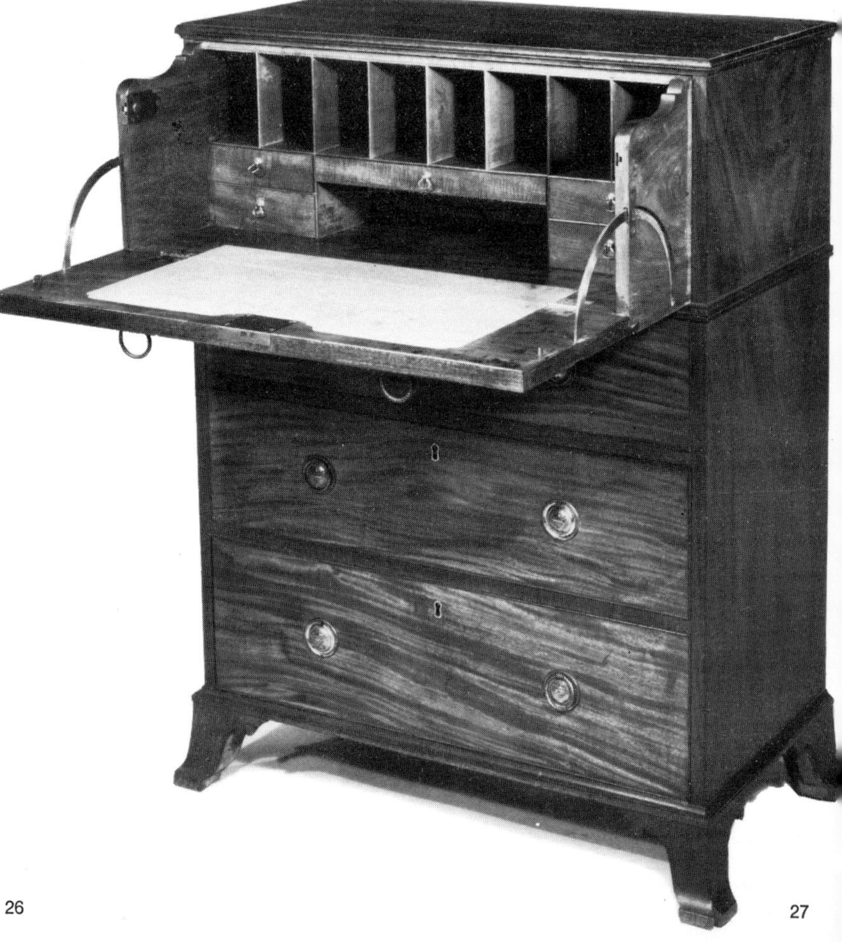

27

28

25 *Typischer Wohnraum der Shaker, einer Sekte. Klapptisch, Schaukelstuhl und Kommode sind aus Ahorn, die holzverkleidete Fensterfüllung ist himmelblau gestrichen.*

26 *Mahagonistuhl, französischer Hepplewhite-Stil, England, Zeit Georg III.*

27 *Mahagoni-Sekretär, Chippendale zugeschrieben, zweite Hälfte 18. Jahrhundert.*

28 *Regency-Kredenz mit Messingeinlagen, Marmorplatte und seidenbespannten Glastüren.*

biegen ließen. Die aus diesem Bugholz hergestellten leichten Möbel bewährten sich. Stühle dieser Machart sind noch heute in jedem Caféhaus zu finden.

Gegen Ende des 19. Jahrhunderts kam der Jugendstil auf: Man wollte Eigenes und Neues schaffen. Stilisierte Pflanzen- und Tierkörper wurden zu beliebten Motiven in der Ornamentik. England und Amerika brachten mit der »Art Nouveau« einen reineren Stil hervor. Das nüchterne Mobiliar der Shaker, einer amerikanischen Sekte, ist typisch. Zur Belebung wurden noch nicht einmal Messinggriffe an den Einrichtungsgegenständen geduldet. **25**

Silber

29 *Schottischer Humpen, sehr schöne Arbeit von James Sympson, Edinburg 1702.*

30 *Typischer amerikanischer Napf mit hohen gebogenen Wänden und gewölbtem Boden. Die amerikanischen Punzen und die Initialen sind deutlich zu sehen. Benjamin Burt, Boston um 1760.*

Zu Beginn des 20. Jahrhunderts schlummerte alles Silber, das nicht Signaturen und Garantiestempel trug, in Studierstuben und Kammern. Der wahre Wert amerikanischen Silbers war noch unbekannt und von niemanden begutachtet worden. Stempel allein besagen noch nicht viel, sie geben allenfalls Auskunft über den Entstehungsort. Zu wenige waren entziffert, als daß sie ähnlich wie Chiffren für jedermann verständlich gewesen wären. Die Stempel waren vielmehr ein internes Gütezeichen, mit dem Silberschmiede das strenge Einhalten ihrer Zunftgesetze garantierten. Das hat sich später als enorm nützlich herausgestellt, denn die Geschichte, die diese Marken erzählen, kann das Interesse am Silber nur vergrößern.

Amerikanisches Silber ist in Europa noch viel zu unbekannt, als daß man sich eine Vorstellung von seiner Art machen könnte. Wer es in Amerika selbst gesehen hat, wird überrascht gewesen sein. Wer simple Imitationen englischen Silbers, etwas hinter der Zeit zurück, erwartet hat, dem sei verziehen; die amerikanischen Schriftsteller haben es – oft mit Recht – nicht anders beschrieben. Es stimmt schon, daß das meiste Silbergerät für den Hausgebrauch hergestellt wurde, und wenn man es in der Kirche brauchte, nahm man es einfach mit dorthin. Obwohl Amerikas Silberschätze nicht die Extravaganzen englischer Silberschmiedekunst erreichten, lassen sich in größeren Museen doch Beweise besonderer Kunstfertigkeit finden. Der planvolle Besuch von Museen lohnt sich also in jedem Fall – besonders bei Kaufabsichten. Die ersten amerikanischen Silberschmiede waren zwar in London in die Lehre gegangen. Nachdem sie aber den Ozean überquert hatten, um sich von englischen Einschränkungen zu befreien, wollten sie keine Zünfte mehr zum Schutz ihrer Arbeit, wie sie es von England kannten. Die 1327 durch königliches Dekret gegründete Gilde der Londoner Gold- und Silberschmiede schlug einen Leopardenkopf in Silber, das den vorgeschriebenen Feingehalt nachwies. Auf diese Weise konnte sie aber auch Handwerker, die etwa seit 1363 ihr Meisterzeichen neben den Leopardenkopf setzten, bestrafen, wenn sie ihre Arbeit nur ungenügend ausgeführt hatten. Robert Sanderson aus Boston (1608–1693) schlug sein Meisterzeichen trotzdem – auch wenn die amerikanischen Silberschmiede stolz darauf waren, nicht überwacht zu werden und auch den Feingehalt bis 1850 nicht angeben zu müssen, und obwohl Handarbeit überall seltener wurde.

Der Feingehalt des Sterlingsilbers von 92,5 % Silber und 7,5 % Kupfer wurde offiziell in Deutschland viele Jahrhunderte früher eingeführt als in England, wo eine geringere Qualität auch vorher nicht zulässig war. Feinstes deutsches Silber bestand aus der gleichen Legierung, aber jedes Silberschmiedezentrum unterlag anderen Vorschriften, so daß es keine einheitliche Regelung gab. Englische Silbermünzen wurden ebenfalls aus Sterlingsilber hergestellt. Möglicherweise ist deshalb 1544 die staatliche Garantiemarke des schreitenden Löwen eingeführt worden.

Mit der Jahresmarke – einem Buchstaben des Alphabets –, die 1478 offiziell erschien, und dem Meisterzeichen gab es nun zusammen vier Punzen (Zeichen) auf dem Teil. Die beiden letzten Punzen könnten aus Frankreich übernommen worden sein. Mit der Jahresmarke konnte der verantwortliche Zunftmeister ermittelt werden, wenn später ein Stück als minderwertig erkannt wurde. Obwohl vor 1800 allein in Boston mehr als 150 Silberschmiede eingetragen waren, wurde dieses Problem nicht akut. Sanderson, sein Partner Hull (1624–1683) und andere Immigranten waren von dem neuen, freien Leben so begeistert, daß sie nur hochwertiges Silber herstellten und auch andere anhielten, das Niveau zu halten. In New York öffneten Silberschmiede erst eine Generation später ihre Werkstätten, Männer mit holländischen Namen, die auch im holländischen Stil arbeiteten, wenn auch unter englischer Herrschaft. In Philadelphia erschienen die ersten Schmiede erst gegen 1690. Sie stellten Silbergeräte für Quäker her, die auf Schlichtheit bedacht waren und Qualität ohne Schmuck verlangten.

Ein amerikanischer Suppennapf, »Porringer« genannt, war das erste typische Silbergerät, das kein englisches Gegenstück besaß. Diese mittelgroße, flache, niedrige Schale mit einem einzigen durchbrochenen Griff fand sich in Mengen in fast jedem amerikanischen Haushalt und war nur für den eigenen Gebrauch bestimmt. **30** An den Durchbrucharbeiten der Griffe, die auch Initialen trugen, entzündeten sich zunächst viele schöpferische Ideen; später jedoch ver-

einfachten sich die Ausführungen zu einem allgemein üblichen Schlüsselloch. An den selteneren New Yorker Schalen sind die Durchbrüche oft so reich, daß kein Platz mehr für die Initialen übrig blieb; ein Verlust für den Historiker, der in den Familieninitialen den Ersatz für die Erkennungszeichen sah.

In der zweiten Hälfte des 17. Jahrhunderts wurden in England Näpfe mit zwei Griffen nach deutschem Vorbild gearbeitet, sogenannte »Porringer« oder »Godenschalen«, wie die einfache amerikanische Form auch hieß. **31** In Amerika waren sie nur so groß, daß eine Person sie bequem halten konnte. In England dagegen variierten die Größen dieser reich getriebenen Schüsseln von sehr klein bis zu fast fünf Liter Inhalt. Sie waren meist kürbisförmig wie in Deutschland, mit karyatidenbesetzten Griffen. Manchmal standen sie auf einem runden Boden, hatten einfache gerollte Griffe und einen schönen, gebogenen und wie die Schale verzierten Deckel, der aber nicht immer erhalten ist. Sie dienten dazu, Glühwein oder Gewürztränke heiß zu halten, während man sich zur Nacht in den ungeheizten Schlafräumen rüstete. Der Glühwein wurde aus einem großen Gemeinschaftstopf in die kleinen Schalen ausgeteilt und zusammen mit den Kerzen ans Bett gebracht. Zweifellos dienten die Schalen in Amerika dem gleichen Zweck. Dort waren sie größer, teilweise ebenfalls kürbisförmig, glattwandig und mit muschelförmigem Griff mit Initialen. Aber keine Regel ohne Ausnahme: Benjamin Sanderson (1649–78) schuf eine nur fünf Zentimeter hohe, hübsch verzierte Schale und Gerrit Oncklebag (1670–1732) eine nur etwa dreizehn Zentimeter hohe mit glatten Wänden und zwei Griffen, die mit Perlstab und Karyatiden geschmückt sind.

Diese Schalen lenken die Aufmerksamkeit auf eine andere, außerordentlich interessante Schüssel mit zwei Griffen. Sie wurde im 17. und 18. Jahrhundert hergestellt. Die aus der holländischen Brandyschüssel entwickelte »Kolleschale« enthielt in Branntwein getränkte Rosinen und süße Gebäckstücke, die zu besonderen familiären Ereignissen mit Silberlöffeln direkt aus der Schüssel gegessen wurden. Sie war oval und im Verhältnis zu ihrer Weite eher flach. Nicht selten wurde sie als Hochzeitsgeschenk überreicht. Sie war in sechs Abschnitten mit hübschen getriebenen oder gravierten Blumenornamenten verziert. In der Regel trug sie Karyatidenhenkel und barg am Grund der Schale oft eine zusätzliche Dekoration, die erst beim Leeren sichtbar wurde.

Unentbehrlich im täglichen Leben waren damals Kerzenhalter. Da sie vor dem 17. Jahrhundert meist aus Messing gearbeitet waren, sind Silberleuchter aus dieser Zeit außerordentlich selten. Abgesehen von wenigen sehr einfachen Exemplaren sind kaum bedeutende Stücke erhalten geblieben. Zu nennen wäre vielleicht ein Leuchter-Paar von Jeremiah Dummer aus Boston, das er 1686 im französischen Stil arbeitete. Leuchter aus der Zeit nach 1700 sind bei Sammlern sehr beliebt und teuer, besonders die im 18. Jahrhundert von den großen hugenottischen Künstlern hergestellten. **32**

Erst nach 1773, als sich Sheffield auf Silberleuchter spezialisierte, wurden sie erschwinglicher. Sie sind am Fuß mit den Beschauzeichen gestempelt. Ihnen wurde noch eine Krone hinzugefügt, die Sheffield als Herstellungsort ausweist. Nach 1784 kam überdies in ganz England eine Punze mit dem Herrscherkopf dazu. Sie ist ein Quittungsstempel, der ab 1891 aber wieder wegfällt. Silberschmiede einer Industriestadt wie Sheffield mußten ihre Kosten durch Mechanisierung des Arbeitsprozesses niedrig halten, wenn sie jeweils mit der Mode Schritt halten wollten. Sie verarbeiteten so dünn gewalztes Silberblech, daß die Leuchter

31 *Suppenschale mit Deckel, signiert »TH« oder »IH«, etwa 1665. Der Deckelknopf diente als Fuß, wenn der Deckel umgedreht als Teller verwendet wurde.*

32 *Besonders schönes Stück eines zweiarmigen Leuchterpaares aus der Zeit Georgs III., London. Für so kunstvoll gearbeitete Leuchter liegen die Preise sehr hoch.*

eine innere Stütze brauchten, um ihre Form zu behalten. Diese Methode wurde weiter entwickelt, so daß Sheffielder Leuchter stets billiger waren als die Londoner; und dennoch wurden sie anerkannt wegen ihrer Vielfalt und Qualität in der Form.

Kirchliches Silbergerät wurde zu allen Zeiten und in allen Ländern hergestellt. Vorzugsweise Mönche arbeiteten an Kelchen, Hostientellern, Reliquienschreinen und Andachtsfiguren. Diese Figuren bestanden meist aus Holz und waren mit Silberblech überzogen. Die Geräte unterlagen genauso dem Wandel des Geschmacks wie weltliches Silber. Im Laufe der Zeit wurden die Ornamente reicher und die Arbeit der Silberschmiede immer komplizierter. Meß- und Gebetbücher wurden in getriebenes Silberblech gebunden oder mit silbernen Spangen und Ecken versehen. Ganze Altäre und Grabmäler bestanden aus Silber, und unzählige Leuchter schmückten die Kirchen. In Amerika, wo die Kirchen der ersten Siedler ihren Gläubigen erlaubte, nach dem Gottesdienst die Silbergefäße auch zu Hause zu benutzen, war der Becher sehr verbreitet. Er entstammte ursprünglich der schottischen Kirche.

Sowohl in der Form als auch im Dekor ähnelte der Becher dem holländischen Gefäß, das einst von Studenten der Universität Leyden nach Aberdeen gebracht worden war. Er wurde in Schottland genau kopiert, später aber vereinfacht. Dennoch blieb er reizvoller als der Becher aus London oder Norwich, von wo aus man ebenfalls enge Verbindung mit Holland pflegte. In Neu-England veränderte sich die Form bald sehr stark, wurde aber an das schottische Vorbild wieder strenger angelehnt, als der erste Bischof von Amerika in Schottland geweiht wurde.

Ein anderes Trinkgefäß, das in Amerika mit zur Kirche gebracht wurde, war der Deckelkrug oder auch Humpen genannt. In anderen Ländern wäre diese Sitte kaum denkbar gewesen, da der Humpen viel zu sehr mit weltlichen Genüssen in Verbindung gebracht wurde. **36, 37** Oft mit großem Fassungsvermögen war er ursprünglich für Gemeinschaftsgelage gedacht; aber diese Trinkfeste arteten oft in Streitereien und regelrechte Feindschaften aus. Deswegen kamen die Skandinavier auf die Idee, »Paß-Humpen« einzuführen: Sie trugen innen im Humpen Maßeinteilungen ein, und jeder Fest-Teilnehmer durfte nur von einem Strich bis zum nächsten trinken. Ab etwa 1650 waren die Gefäße niedrig und zylindrisch, sie standen auf drei Kugelfüßen oder besaßen die Form eines Granatapfels; manchmal war der Deckelöffner mit einem Löwen verziert. In einige Deckel wurden auch Münzen gelötet, wie zum Beispiel in die New Yorker Modelle. **38** Gegen Ende des Jahrhunderts erscheint auf den Verbindungsstellen zwischen Gefäß und Sockel Filigranarbeit; damit sollte das Silber zusätzlichen Halt bekommen. Im Norden Englands wurden beachtliche Mengen filigranverzierter Humpen in ähnlicher Form wie in Skandinavien, jedoch ohne Münze, hergestellt. **37**

Der englische Humpen für den täglichen Gebrauch war in jener Zeit eher groß und bis gegen 1700 auch im Verhältnis zu seiner Weite höher als der gedrungene skandinavische Typ. Er hatte einen flachen, gestuften Deckel, trug ein kunstvoll graviertes Wappen auf dem Krug und besaß einen hübschen Deckelöffner, auch »Daumenruhe« genannt. Besonders effektvoll war der liegende Löwe, der sich bis auf den Deckel hinauf zu räkeln schien. Gelegentlich stand der Krug auch auf drei Löwenfüßen, wie etwa bei bestimmten Modellen von John Coney.

Der amerikanische Deckelkrug war verhältnismäßig klein, er faßte selten mehr als einen viertel Liter und war meist nur mit den Initialen beider Eheleute auf dem Henkel beschriftet. Die Grundform wurde in Amerika weniger weiterentwickelt als in England, wo man anhand des Deckels und der Krug-Charakteristik die Entstehungszeit bestimmen kann, und wo sich der flache Deckel wesentlich länger hielt. Der gewölbte Deckel, der in England seit etwa 1710 üblich war, erschien in gleicher Form in Philadelphia, während er in Boston noch mit einem Knauf besetzt wurde. Paul Revere (1735–1818) stellte in seiner frühen Periode einige Muster mit interessant gezeichnetem Knauf her, dessen Kopf auf einem gebogenen Stil stand. Auch Wappen wurden gerne auf den Deckel graviert.

Trotz aller englischer Einflüsse ist der amerikanische Humpen gut zu unterscheiden. Ein auffallendes Merkmal ist am Ende des Henkels der Knopf in verschiedenen Formen, der noch eine eigene Applizierung trägt. Vom Deckelscharnier aus läuft eine Perlenreihe den Henkel hinab, oder

dieser ist schwanzförmig geschwungen und mit Filigranarbeit oder anderem Ornament besetzt. Die »Daumenruhe« ist als Muschel oder Korkenzieher ausgebildet, nur gelegentlich zeigt sie einen Löwen oder Adler. Der Krug von Timothy Dwight (1654–91) indessen trug ein ungewöhnliches Band aus Akanthusblättern um den Körper. Die Mehrzahl der Krüge hatte einen vorspringenden Rand, der vorn gezahnt war.

Die Grundform aller Deckelkrüge war gleich und änderte sich nur geringfügig. Sie wurden in England, Amerika und Deutschland hergestellt, hier allerdings vorwiegend aus Zinn. Das Auflöten von Münzen auf den Deckel wurde aus Deutschland übernommen; aber allein die Vielfalt der Bandverzierungen über dem Fuß, oft im Mäandermuster, hilft bei der Unterscheidung der Herkunftsorte. Auch die Größe kann Auskunft geben, denn die Krüge aus Philadelphia zum Beispiel sind besonders groß.

Die eigentlich interessante Zeit für den Sammler englischen Silbers beginnt 1660 nach dem Bürgerkrieg. Da Münzen nur noch mit einer Silberauflage geprägt wurden, konnte man zu unbeschwerten Zeiten reich dekoriertes Silber im Überfluß herstellen. Mit Einführung des Britannia-Standards 1697, mit dem der Feingehalt der Silberlegierungen über den Sterling-Standard hinaus angehoben wurde, geriet das Metall zu weich für allzu viele Verzierungen. Es folgte eine Periode hervorragend gearbeiteter schwerer Silbergeräte in gefälligen ruhigen Formen und mit einer weichschimmernden Patina. Die Muster wurden vorwiegend von den ersten Hugenotten aus Frankreich beeinflußt. Zu ihnen gehörte auch Paul de Lamérie, der während der Rokokozeit von 1705–51 wirkte. 1719 wurde auf Verlangen der Silberschmiede der Sterling-Standard wieder eingeführt. Für die Mehrheit der Sammler beginnt die wichtigste Periode erst 1770 mit der Herstellung dünn gewalzter Silberbleche von großen Manufakturen und mit dem Einsetzen des Klassizismus.

In Amerika haben die Unabhängigkeitskämpfe nach 1775 die Arbeit der Silberwerkstätten fast zum Erliegen gebracht, und selbst in den Südstaaten, wo die Silberschmiede besonders aktiv waren, brachte der Bürgerkrieg (1861–65) einen Stillstand. Dennoch wurde gutes Hausgerät in allen amerikanischen Zentren während des ganzen 18. Jahrhunderts hergestellt. Meistens geschah dies auf private Bestellung, denn Silber war knapp und wurde nur zu großen Familienfeierlichkeiten benutzt. Initialen und Inschriften wurden stets mit in Auftrag gegeben. Der Stil wurde zusehends englischer, und man achtete mehr auf handwerkliche Qualität und Form als auf die neueste Mode. Dekorativer Schmuck trat in den Hintergrund zugunsten geschweifter Ränder und Filigranbesatz. Wappen wurden auf glatte Oberflächen graviert. Nach den Unabhängigkeitskriegen waren diese Anglizismen verpönt; aber die freien Räume auf den Silbergeräten sahen so kahl aus, daß die Initialen oft reich ausgeschmückt wurden, und im Endeffekt entstand der gleiche Eindruck. Daniel Fueter, der 1754 von London nach New York ging und dort bis 1770 arbeitete, brachte seine (in Amerika seltenen) profunden Kenntnisse vom Rokoko-Stil mit. Das zeigt sich besonders schön an einem von ihm gearbeiteten durchbrochenen Körbchen mit angegossenem Rand. Noch feiner sind die Arbeiten von Joseph Richardson (1711–84) in Philadelphia. Sein Teekesselchen mit Rechaud ist in reinstem Rokoko wunderschön ausgeführt, ebenso wie seine reichverzierte Kaffeekanne mit passender Zuckerdose.

Schokoladenkannen, die einen abnehmbaren Deckelknopf hatten, um einen Quirl hindurchzustecken, und

34

Kaffeekannen wurden in verschiedenen Größen und zu unterschiedlichen Zeiten hergestellt. Die achteckige Form, die zu Beginn des Jahrhunderts in England verbreitet war, fand über die Grenzen hinaus Anklang. Teekannen wurden in England ab 1720 kugelförmig hergestellt, in Amerika dagegen blieben sie hoch und birnenartig geformt. In Boston bekamen sie gelegentlich eine umgekehrte Birnenform, standen auf einem ausgestellten Fuß und trugen einen angegossenen Knopf auf gewölbtem Deckel. Die oberen Kannen-Partien wurden reich ziseliert. Diese Ausfertigungen fallen gegenüber anderen Modellen aus dem Rahmen. Sie sind deshalb sehr gesucht und entsprechend rar.

Die Wiederbelebung der Antike, die in England 1770 einsetzte, verzögerte sich in Amerika durch die Kriege, erfreute sich dann aber der gleichen Beliebtheit. **43** Jede Art

35

33 *Amerikanische Becher und Sahnekännchen. Nach den Unabhängigkeitskriegen wurden die Initialen wie Wappenschilde verschlungen.*

34 *Balusterförmige Bierkannen aus der Zeit Georgs II., zusammengehörendes Paar. Eine sehr bedeutende Arbeit von Philippe Garden, 1754.*

35 *Silberner Kelch und Hostienteller, 1518. Privatbesitz.*

36

36 *Humpen von Samuel Edwards, Boston 1759. Der Deckelknopf hat eine typisch Bostoner Form.*

37 *Englischer Humpen auf drei Füßen und Becher. John Plummer, York um 1695.*

38 *New Yorker Humpen, vermutlich um 1730 von John Moulinar. Die zylindrische Form mit der Münze im Deckel vereinigt alle Schmuck-Elemente, die an den New Yorker Humpen aus jener Zeit zu finden sind.*

39 *Teekessel und Stövchen im Stil Georgs III. von William Kidney, 1739. Ein frühes Beispiel für die umgekehrte Birnenform. Die Dekorationen wurden im Laufe der Zeit immer feiner.*

37

38

39

41

40 *Blaker, zu einem Paar von Adam van Vianen gehörend. Utrecht, Holland, datiert 1622. Adam van Vianen wurde 1565 geboren. Er war der Bruder des bekannten Paulus und der Vater von Christiaen van Vianen, die viel Silbergerät für Karl I. angefertigt haben.*

41 *Sehr schönes Paar Zunftkannen, teilvergoldet, mit Meistermarke »HL«, datiert 1591.*

42 *Silbertablett mit durchbrochenem Rand und Perlstab. Wappengravur in der Mitte, Philadelphia Ende 18. Jahrhundert.*

42

43

von täglich benutzten Gefäßen, ob zylindrisch oder urnenförmig, war für leichte symmetrische Verzierungen mit Gravur oder Durchbrucharbeiten geeignet. Teekannen aus Boston hatten oft einen langen geraden Ausguß. In Philadelphia wurde als einzige Dekoration oft das Perlenband zur Verzierung der Kanten verwendet. Die gleiche Form findet man an Kannen von Hester Bateman aus London (1774–89); das feine Gitter jedoch, das den Rand der urnenförmigen Kaffeekannen und Zuckerdosen – oft in Verbindung mit einem Perlenband – zierte, ist typisch für Philadelphia und für die Zeit, als Silber ersten Sammlerwert bekam. **47**

Wer Geschmack an alten Stücken hat, die wenig Platz benötigen, findet unter den ersten amerikanischen Silberwaren zweizinkige Gabeln; aber auch kleine, zweieinhalb Zentimeter hohe Weinbrandschalen gehören zu den frühesten Silberanfertigungen. Löffel gibt es in bemerkenswerter Vielfalt. Auf ihren sehr feingeformten Griffen findet man Provinz-Stempel, von denen es vor 1700 eine unübersehbare Zahl gab und die für sich zum Objekt für Sammler wurden. Besonders bekannt sind die Apostel-Löffel. Sie tragen eine runde Laffe und eine Apostelfigur am Ende des meist sechseckigen Griffes. Im 15. und 16. Jahrhundert waren sie ein beliebtes Taufgeschenk, besonders in England. Man versah den Löffel mit dem Namenspatron des Täuflings oder des Paten. Serien mit zwölf oder dreizehn Stück waren nur ausnahmsweise üblich. Ebenfalls sehr beliebt bei Sammlern sind die kleinen Löffelchen, die in unendlicher Vielfalt in England für Teedosen hergestellt wurden. **48** Hauptursprungsort war Birmingham.

Zuckerscheren (Zangen in Scherenform, mit denen man große Zuckerstücke mühelos zerkleinern kann) mit Muschelgreifern kamen in Amerika nach 1750 auf, in Eng-

44

43 *Sechsteiliges Tee- und Kaffeeservice, R. und D. Hennell, 1797. Das Service mit den klassizistischen Formen ist offensichtlich handgearbeitet.*

44 *Zwei Handleuchter, ein oktagonaler von Matthew Cooper 1708, einer mit rundem Fuß aus einem Paar von John Fawdery 1705. In der Mitte ein schwerer Sahnegießer mit vier Löwenmasken und Tatzen, Paul Crespin 1734.*

45 *Gerade zylindrische Kaffeekanne von Samuel Blackford aus Plymouth, 1725. Alles Silber aus den westlichen Grafschaften Englands wurde nach 1700 in Exeter gepunzt und ist im Londoner Stil gearbeitet.*

45

land etwas eher. Ihre Stege sind niemals gleich. Die späteren Klemmzangen, äußerst abwechslungsreich verziert, sind häufig getrieben, durchbrochen oder graviert und nicht so sehr teuer.

Einfallsreich und sehr hübsch sind die Babyrasseln und Beißringe, die seit den Zeiten der alten Ägypter bis ins 20. Jahrhundert von allen Völkern benutzt wurden. Fast alle sind hübsch graviert und haben oft die Form von Glocken oder kleinen Pfeifen. Nadeldosen wurden in allen Ländern ebenso benutzt wie hübsch verzierte Silberdosen mit abnehmbarem Deckel, in denen die Damen ihren Schmuck verwahrten. Schnupftabaksdosen, sogenannte Tabatièren, waren mit Scharnierdeckeln versehen, denn

46 *Suppenterrine aus einem Paar, mit passendem Tablett und Schöpflöffel. Edward Wakelin 1755.*

47 *Urnenförmige Zuckerdose mit Deckel und passende Sahnekanne mit Zuckerzange. Robert Swan, Philadelphia um 1800. Typische Stil-Elemente wie Perlstab und durchbrochene Galerien sind hier vereinigt. Das »K« deutet auf die Familie von General John Kelso hin.*

47

48

schnupfen wollte man damals bei jeder Gelegenheit, sogar beim Reiten, wenn man nur eine Hand frei hatte. Runde und ovale Tabaksdosen dagegen hatten einen abziehbaren Deckel und waren größer. Sie alle kamen vorzugsweise aus Birmingham, wie auch Muskatreiben, die extra zum Würzen der Speisen mitgeführt wurden; Riechfläschchen zur Erfrischung; Flaschenetiketten und andere kleine Gegenstände, die für Sammler attraktiv sind. Riechdöschen haben besonderen Reiz wegen ihrer zierlichen Gitter im Innern und wegen ihrer ausgefallenen Verzierungen, an denen der Künstler seine ganze Phantasie entfalten konnte: Als Ornamente wählte er etwa Fische, Tiere, Früchte oder Blumenkörbchen. **49**

Die feinsten Schnupftabaksdosen sind französischer Herkunft, aus Gold und mit Steinen besetzt. Dennoch gehören die Dosen von Nathaniel Mills aus Birmingham mit ihren getriebenen Deckeln, auf denen Schlösser und

49

48 *Teelöffelchen. Obere Reihe von links nach rechts: Nierenform, von Bettridge und Cocks 1813, seltene Muschelform von Francis Higgins,* **London** *1851, Hand von Josiah Snatt, London 1800. Untere Reihe von links nach rechts: Zwei Schnupfdosen von Nathaniel Mills, die linke mit einem Bild von Newstead Abbey, dem Familiensitz Lord Byrons, den er 1818 zur Begleichung seiner Schulden verkaufen mußte. Die rechte zeigt Windsor Castle. Dazwischen ein Löffel in Form einer Jockeymütze, um 1800.*

49 *Vier Dosen aus Birmingham. Das Kästchen oben stammt von Edward Smith 1851; die Schnupfdose darunter von Joseph Willmore, 1834, zeigt Dryburgh Abbey. Rechts und links daneben zwei Essigfläschchen, der Schwan von Gervaise Wheeler 1838, das Yorker Münster von »JT« 1834.*

Kathedralen oder andere Landschaften abgebildet sind und die relativ strenge Seitenteile und Kanten besitzen, zu den hervorragendsten Stücken des 19. Jahrhunderts. Andere Künstler schufen Dosen mit Schäferszenen oder Darstellungen vom Sport oder aus der Mythologie. Auch in London und an anderen Orten fertigte man Dosen; sie sind aber nicht so phantasievoll gestaltet. Die bekannten Künstler aus Birmingham brachten immer wieder die gleichen charakteristischen Merkmale an – sei es auf ihren Teelöffel, Riechdöschen, Weinetiketten und anderen kleinen Teilen. Sie taten damit mehr für den kleinen Sammler als manche andere Künstler.

Kurze Erklärungen einiger Begriffe

Akanthus: Blatt-Ornament, das von den Kapitellen korinthischer Säulen entlehnt ist und im 16. Jahrhundert verbreitet war.

Perlenband oder -stab: Halbkugeln, die wie eine Perlenkette nebeneinander aufgereiht sind. Häufige Dekoration im 18. Jahrhundert auf Säumen und Kanten.

Gravur: Einritzen einer Schrift oder Zeichnung in Metall mit einem scharfkantigen Stichel.

Karyatiden: Weibliche Figuren, die ein Gewölbe oder eine Decke tragen.

Filigran: Verzierung durch Auflöten feiner Silberdrähte, die glatt oder gekörnt sein können.

Mäandermuster: Nach den Windungen des kleinasiatischen Flusses Maiandros benanntes Schmuckband der Antike, taucht im Klassizismus wieder auf.

Patina: Langsam sich bildende Schicht aus Misch-Oxyden. Hängt vom Ort der Lagerung ab, kann auch künstlich erzeugt werden.

Uhren

50

50 *Taschenuhr in Form einer Blume mit acht Blättern. Sie enthält zusätzlich eine Spieluhr. Um 1810. Auf dem Deckel die mit Perlen umrahmte Darstellung von Cupido, der von Venus entwaffnet wird. Auf den acht Blättern Malereien von Blumen und Musikinstrumenten. Die Uhr wird J. A. Lissingnol zugeschrieben (1754–1819) und hat ihr Zifferblatt unter dem Deckel.*

51 *Reich verzierte Taschenuhr des französischen Empire (1810–1820). Sowohl Gangwerk wie Gehäuse stammen von einem Genfer Künstler. Das Zentralmotiv wird von zwölf Blumen umrahmt und von 750 Perlen eingefaßt.*

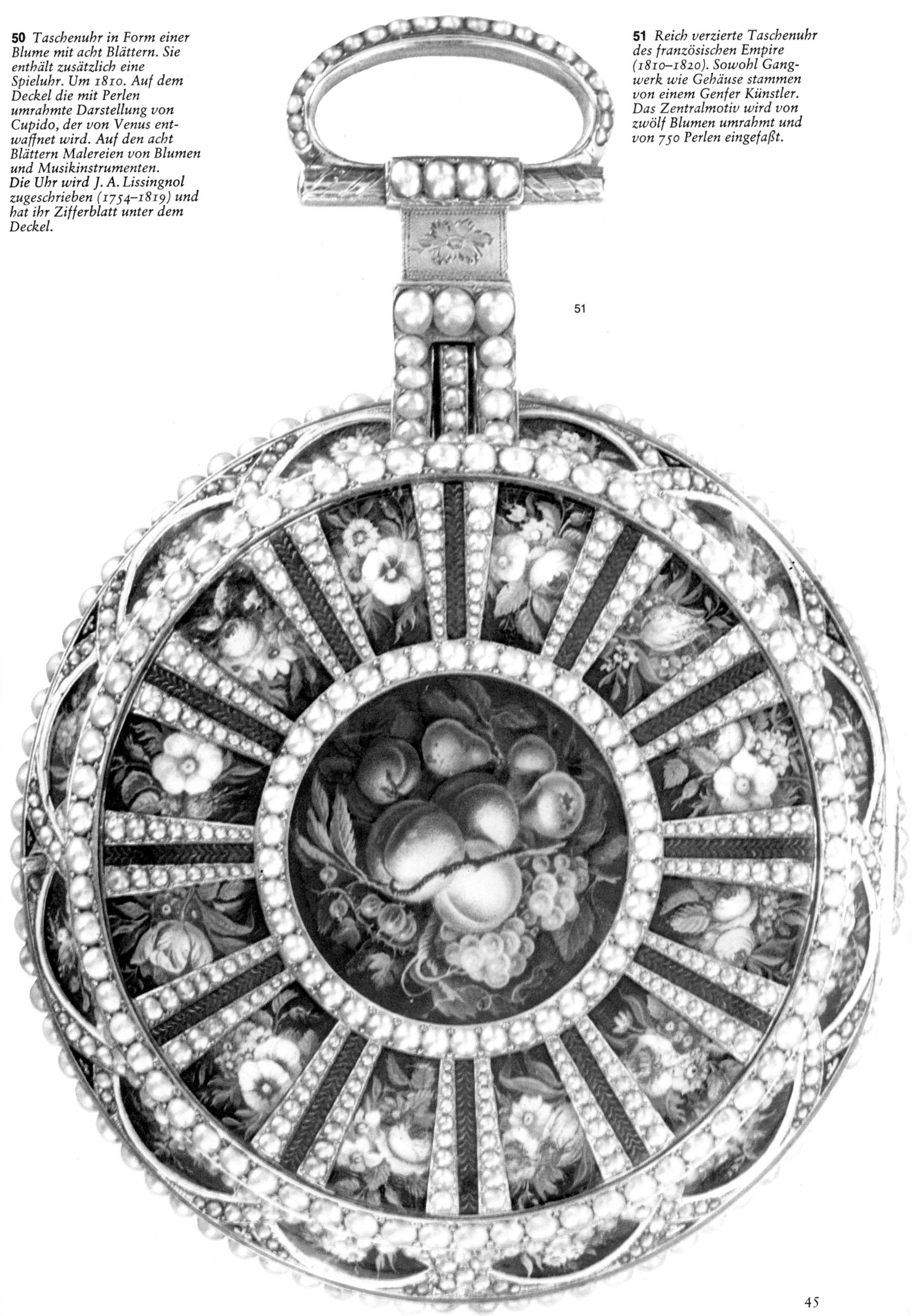

51

52 *Typische Stutzuhr des ausgehenden 17. Jahrhunderts mit Viertelstunden-Schlagwerk. Thomas Tompion, um 1690.*

53 *Detail. Die gravierte Rückseite der Tompion-Uhr vermittelt einen Eindruck von der künstlerischen Qualität, für die der Meister bekannt war.*

Es ist noch gar nicht so lange her, daß sich neben bislang vereinzelte Kenner und Liebhaber Sammler gesellten, die ihren Geschmack an alten Zeitmessern entdeckten. Vielleicht hatte in der Vergangenheit der verwirrende Laufwerk-Mechanismus die Begeisterung für alte Uhren gedämpft wie auch das Problem, eine Sammlung von Uhren aus dem 17. und 18. Jahrhundert in Gang zu halten, manchen Interessenten vom Kauf abgehalten haben mag. Inzwischen aber sind sehr viel mehr Informationen über Hemmung, Schnecke und Federbremse, Schlag- und Repetiermechanismus, Kalender und astronomische Werke jedermann zugänglich. Das hat zur Folge, daß immer mehr Leute sich für die tickenden Raritäten begeistern und mit ihrer Nachfrage die Preise in die Höhe treiben. Gangwerke, die man heute für mindestens ebenso wichtig hält wie ihr Gehäuse, können sich als permanentes Ärgernis entpuppen: Eine Stand- oder Taschenuhr, die nicht tickt, ist nur bedingt wertvoll. Einen zweihundert Jahre alten Mechanismus in Gang zu setzen und zu halten, kann dagegen zum teuren Vergnügen werden – vorausgesetzt, man findet überhaupt einen Fachmann für die Reparatur. Es gibt heute immer weniger Uhrmacher, die fehlende oder zerbrochene Teile ersetzen und abgenutzte aufarbeiten können, und man wird in Zukunft immer länger nach ihnen Ausschau halten müssen. Da der Wert der Uhr sehr stark von ihrer Funktionstüchtigkeit und der Echtheit des Gangwerkes abhängt – egal, ob sie als Kapitalanlage oder als Liebhaber-Stück gekauft wurde – ist diese Situation auch für erfahrene Sammler unerfreulich. Darüber sollte sich jeder Interessent vor dem Kauf im klaren sein.

Eine Reihe von Sammlern hat sich in weiser Voraussicht dieser Entwicklung zu Uhrenspezialisten ausgebildet. Nach eingehendem Studium der Reparaturmöglichkeiten und viel Übung verbringen sie nun viel Zeit über Werkbänke gebeugt mit der Restaurierung und Pflege ihres Besitzes. Sie haben dabei nicht nur nützliche Kenntnisse erlangt, sondern auch die Kunstfertigkeit früherer Handwerker schätzen gelernt.

Jeder Neuling auf dem Gebiet des Antiquitätensammelns wird sich zunächst etwas ratlos fragen, wie und womit er anfangen soll: Er kann sich entweder auf die historische Entwicklung des Handwerks konzentrieren und repräsentative Stücke aus jeder Periode kaufen, oder er kann sich spezialisieren. Die Tendenz geht mehr und mehr in die letztgenannte Richtung. Aber worauf soll er sich beschränken? Die Antwort auf die Frage hängt hauptsächlich ab von seinen finanziellen Mitteln, von der Verfügbarkeit der Stücke und natürlich vom persönlichen Geschmack.

Wer die Meisterwerke des großen englischen Uhrmachers Thomas Tompion erwerben will, muß schon sehr vermögend sein. **52** Tompion arbeitete zu Beginn der zweiten Hälfte des 17. Jahrhunderts. Um diese Zeit setzte nach der Erfindung der Spiralfeder und der ersten Verwendung des Pendels eine Art Revolution im Uhrenbau ein. Tompion war der angesehendste einer kleinen Gruppe von Uhrmachern, die in der Lage waren, mit diesen Neuerungen das Leistungs-Niveau ihres Handwerks anzuheben. Sie schnitten ihre Rädchen und Zahnräder zunehmend exakter und gaben damit den Gangwerken immer mehr Genauigkeit. Ihre Erzeugnisse waren sowohl elegant als auch sauber verarbeitet. Diese Uhrmacher beauftragten bekannte Graveure, die Messingplatten, auf denen das Räderwerk montiert war, zu verzieren; gleichzeitig arbeiteten sie Hand in Hand mit Juwelieren und Kunstschreinern, die für ihre Gangwerke kostbare Gehäuse aus Metall und Holz herstellten. **53**

Heutzutage kostet eine Standuhr von Tompion zwischen 30 und 150 000 Mark; dennoch würde kein Sammler, der sie sich leisten könnte, sich dabei übervorteilt fühlen. Goldene Taschenuhren von Tompion sind wesentlich billiger. Seine Meisterwerke dürften aber nur noch auf Auktionen zu bekommen sein.

Ein anderes Beute-Objekt für den wohlhabenden Sammler sind Taschenuhren von Breguet, die noch teurer sind. Abraham Louis Breguet war Schweizer und arbeitete im Paris der napoleonischen Zeit. Seine Uhrwerke reizen besonders denjenigen, der sich vorwiegend für den Mechanismus interessiert. Breguet war fraglos der größte Uhrmacher, der je ein Zahnrad herstellte. Die Uhren aus seinen Werkstätten waren ebenso schön wie genial gearbeitet. Selbst wenn die Gehäuse und Zifferblätter selten sehr dekorativ sind, so zeigen sie doch hervorragenden Geschmack und schöne Proportionen.

Zur Vervollständigung der wichtigsten Beisipele aus

dem reichen Angebot für den Uhrensammler dürfen die französischen Standuhren aus der Zeit Ludwigs XV. und Ludwigs XVI. nicht fehlen. Sie zeigen ein Höchstmaß an Vollkommenheit – vor allem in der Ornamentik. **57**

Sich auf Taschenuhren zu spezialisieren, birgt viele Vorteile. Der Wettbewerb auf diesem Gebiet ist noch relativ schwach, und wer den Preis in den Vordergrund seiner Kauf-Überlegungen stellen muß, wird hier nicht sofort an »astronomische« Grenzen stoßen. Wichtig mag manchem Sammler auch die Tatsache sein, daß Taschenuhren weniger Platz beanspruchen.

Außerhalb der Museen sind Zylinderuhren des 16. Jahrhunderts sehr selten. Dafür gibt es Uhren des 17. Jahrhunderts in reichlicher Zahl – sogar etliche der reizvollen Figuren-Uhren von Anfang des Jahrhunderts sind noch zu finden. Diese zierlichen Kleinode in Form von Kreuzen, Sternen, Muscheln und Totenköpfen haben meist Gehäuse aus Messing, das mit Gravierungen und Ziselierungen verziert und manchmal mit Bergkristall besetzt war. **59** Nur ein einziger Zeiger gab die Zeit an – Beweis genug, daß diese Uhren als Zeitmesser viel zu ungenau waren. Trotzdem sind sie bestechend in ihrem Charme wie auch in ihrer ausgefallenen Form – und nicht zuletzt durch ihren akzeptablen Preis. Diese Uhren wurden zu Beginn des Jahrhunderts von größeren, deshalb aber nicht präziser funktionierenden Uhren überrundet, die den modernen Taschenuhren fast gleichen. Ihre Gehäuse sind mit Emaille verziert. Zunächst nahm man typische Blumenarabesken des 17. Jahrhunderts als Motive, wie sie auf zeitgenössischen Miniaturkästchen zu finden und aus entsprechenden Buchvorlagen bekannt waren. Dann kamen die einzigartigen Emaille-Malereien von Blois und Genf auf, in denen klassische und biblische Szenen dargestellt wurden. Gegen Ende des 17. Jahrhunderts erschienen die ersten Uhren mit den berühmten Doppel-Gehäusen von Tompion, Quare und anderen Zeitgenossen. Das innere Gehäuse war normalerweise aus getriebenem Gold gefertigt und wurde später mit Helden-Szenen ziseliert. Das äußere Gehäuse bestand manchmal ebenfalls aus purem Gold, häufig aber auch aus gepreßtem Leder, das mit Ziernägeln versehen wurde. Uhren aus dieser Zeit, versehen mit der neuerfundenen Anker-Hemmung, garantierten dem Besitzer bemerkenswerte Zuverlässigkeit. Gelegentlich lassen sich auch heute noch Exemplare finden, die trotz ihres beachtlichen Alters die Zeit bis auf wenige Minuten Differenz pro Woche genau einhalten.

Im 18. Jahrhundert veränderten sich die Gehäuse durch Mode-Einflüsse. Das Barock machte dem Rokoko Platz. In England wurde das Goldzifferblatt durch das in Frankreich längst beliebte Emailleblatt ersetzt. Dann kam eine Periode klassischer Schlichtheit, gefolgt von wiedererwachendem Luxusstreben. Kreise aus halben Perlen wurden als Einfassung um Zifferblätter herumgelegt, und die Gehäuse erhielten Einlegearbeiten, vorzugsweise aus Emaille. Gleichzeitig wertete man einige der Uhren durch passende Uhrketten auf, aber überraschenderweise erhöht sich dadurch der Preis für den Sammler kaum.

Modische Besonderheiten und die Vielzahl der erhaltengebliebenen Exemplare machen das 18. Jahrhundert zu einem erfolgversprechenden Jagdgrund für den Sammler. Auch die Mechanik dieser Stand- und Taschenuhren verdient das Interesse. Es lohnt sich auch, nach den von Facio und den Debaufré Brüdern erfundenen Goldschmiedetechniken zu stöbern oder nach den ersten Uhren mit Stoßsicherung, die Breguet gegen Ende des Jahrhunderts herstellte, Zeugnisse jener ständigen Verbesserungsversuche mit neuen Teilen oder Änderungen alter Formen tauchen immer wieder auf. Außerdem gibt es bei Breguet, Perrelet und Recordon frühe Versuche von Uhren mit Selbstaufzug.

Die Kunstfertigkeit des 19. Jahrhunderts hat umso beträchtlicher an Faszination gewonnen, je seltener und teurer frühere Werke wurden. Daraus resultiert auch ein ganz neues Verständnis jener Zeit, und manch verkanntes Prachtstück kam zu neuen Ehren. Die Rückkehr zu der Auffassung, daß die Uhr eher ein Spielzeug ist als ein praktisches Instrument zum Messen der Zeit, führte zu Schöpfungen zauberhafter Gebilde. Die Uhren des Jahrhundertbeginns wurden in kleine emaillierte Harfen und Mandolinen eingebaut, in Blumenkörbchen oder in Miniaturviolinen und Spielzeughunde versteckt. Sie gefielen damals besonders den Frauen. Emaillierte Golduhren weiterhin wurden neben den verspielten Neuigkeiten hergestellt, **50**, **51**, und erst spät im 20. Jahrhundert schränkten die Genfer Emailleure ihre Arbeit an den Uhren, die sie mit besonderen Farben aus Glaspuder und Metalloxyd geschmückt hatten, ein.

Es gab immer Leute, die Standuhren faszinierender fanden als Taschenuhren. Standuhren haben eine längere Geschichte, so daß der Sammler Beispiele aus der Zeit vor dem 15. Jahrhundert finden kann. Eiserne Wanduhren aus dem 15. und 16. Jahrhundert entdeckt man zwar nicht alle Tage, von Zeit zu Zeit erscheinen sie aber doch auf dem Markt, ebenso wie Federzug-Uhren mit horizontalem Zifferblatt aus dem 16. Jahrhundert.

Die erste für England charakteristische Uhr war die Messing-Laternenuhr aus dem 17. Jahrhundert. Ihren

54

Namen bekam sie von der für Laternen typischen quadratischen Form mit den Eckpfeilern unter einem Kuppeldach. **60** Diese Uhren, die mit Hilfe von Bleigewichten alle dreißig Stunden aufgezogen werden mußten, wurden über lange Zeit hergestellt, die ersten bereits vor 1620, die letzten noch spät im 18. Jahrhundert. Laternenuhren sollte man mit Vorsicht kaufen. Es gibt garantiert mehr Fälschungen und Reproduktionen auf dem Markt als Originale, und selbst diejenigen, die teilweise echt sind, wurden im Laufe der Zeit so verändert und verpfuscht, daß sie sehr an Wert und Reiz verloren haben. Eine Laternenuhr mit zwei Zeigern ist verdächtig. Sie kann echt sein, erweist sich aber meist als Fälschung.

Die letzten vierzig Jahre des 17. Jahrhunderts waren das goldene Zeitalter englischer Uhrmacherkunst und brachten für den Sammler beachtliche Exemplare hervor. Allen voran die frühen eleganten Boden-Standuhren der Familie Fromanteel. Ihre schmalen, mit Säulen verzierten Kästen bargen die Gewichte, durch die Spindelgangwerk und Glockenschlag angetrieben wurden.

Kurz nach 1670 erfand John Clement die englische Ankerhemmung, mit der später die großen hohen Standuhren ausgestattet wurden. Die Hemmung konnte mit dem Pendel, das knapp einen Meter lang war und um vier bis fünf Grad ausschlug, kombiniert werden. Dieser ausholende Pendelschlag erforderte breitere Kästen, wie sie für Uhren nach 1685 charakteristisch wurden. Die schönsten dieser Uhrenkästen waren gleichzeitig hervorragende Tischlerarbeiten mit edlen Furnieren oder kunstvollen Marketerien. Abgesehen vom Äußeren liefen diese Uhren für damalige Ver-

54 *Französische Uhr aus Goldbronze mit vier Figuren und Sèvres-Porzellanplatten, die mit Watteau-Szenen bemalt sind.*

55 *Sehr schöne Uhr von Benjamin Lewis Vulliamy. England, 19. Jahrhundert.*

56 *Architektonisch gestaltete Uhr von James Cox. Vergoldetes, getriebenes Metallgehäuse mit Achatplatten, signiert und datiert 1766. Unter der Uhr eine Mechanik, die die Mondphasen und die Minuten angibt und ein Glockenspiel mit vier Melodien in Gang setzt.*

55

56

hältnisse ziemlich präzise. Diese Genauigkeit wurde noch durch die Erfindung des Quecksilber-Kompensationspendels von Graham und Harrison um 1720 erhöht.

Gleichzeitig mit der Bodenstanduhr entwickelte sich die Stutz- oder Stockuhr. **58** Sie besaß ein Federlaufwerk mit pyramidenförmiger Schnecke, die die abnehmende Kraft der Feder kompensieren konnte. Knibb, Windmills, Quare und Graham bauten ebenso wie Tampion Modelle mit Ebenholzgehäusen, die im Laufe der Jahre immer häufiger mit feuervergoldeten Beschlägen verziert wurden.

Damals war es nicht üblich, mehr als eine Stutzuhr im Haushalt zu besitzen, und so gehörte der Handgriff, an dem die Uhr von Raum zu Raum getragen werden konnte, zum unentbehrlichen Attribut. Hin und wieder versah man die Uhr auch mit einem Reiseetui.

Stilveränderungen an Kasten und Zifferblatt ermöglichen fast immer eine Unterscheidung zwischen Uhren des 17. und 18. Jahrhunderts. Die hohen Kästen trugen Urnen und Kugeln über abgesetzten Bögen. Die Stutzuhren bekamen Emaille-Zifferblätter und verspieltere Gehäuse. Kontinentale und englische Uhren lassen sich durch ähnliche Stilabweichungen unterscheiden, selbst die aus der Zeit, bevor der Pomp Ludwigs XV. die französischen und fast alle anderen kontinentalen Uhren von den nüchternen englischen Exemplaren abhob. **54** Englische Großuhren aus der zweiten Hälfte des 18. Jahrhunderts sind verhältnismäßig günstig zu bekommen, so daß Sammler mit begrenzten Mitteln auf ihre Kosten kommen dürften.

Die in Amerika im 18. Jahrhundert entstandenen Uhren waren europäisch im Stil und meist von Hand-

A PARIS

57 *Die Kombination aus einem Gangwerk des berühmten Pariser Uhrmachers Estienne Le Noir und einem Gehäuse aus seltenem Chantilly-Porzellan macht diese Uhr sehr wertvoll.*

58 *Ein seltenes Exemplar einer Stutzuhr aus dem späten 17. Jahrhundert von Henry Jones. Das Werk hat Spindelhemmung, holländischen Schlag und ist verschließbar. Das Zifferblatt ist mit Putten verziert, hat Datumsanzeige und ist unten mit »Henry Jones in Ye Temple« graviert. Gehäuse aus Wurzelnußbaum, etwa 1685.*

werkern angefertigt, die in England, Holland oder Deutschland ihre Lehrzeit absolviert hatten. Daher bauten sie entweder die von England beeinflußte Boden-Standuhr oder die sogenannte »Stooluhr«. Sie stand auf einem Wandbrett, durch das die ungeschützten Gewichte und das Pendel hindurchgeführt wurden und ähnelte der in Deutschland und Holland lange Zeit beliebten Wanduhr. Werke von Uhrmachern wie David Rittenhouse, Benjamin Franklin und Thomas Harland sind heute sehr gesuchte Objekte.

Ein Lehrling von Daniel Burnap mit Namen Eli Terry revolutionierte schließlich das amerikanische Uhrmacherwesen. Die Willards in Massachusetts sollen angeblich die erste typisch amerikanische Stockuhr gebaut haben, indem sie den langen Uhrkasten einfach verkürzten. Terry jedoch

59 *Skelettuhr aus dem frühen 17. Jahrhundert, soll Maria Stuart gehört haben.*

60 *Silberne Laternenuhr von Daniel Bouquet. Die meisten dieser Uhren aus dem 17. Jahrhundert sind aus Messing, haben aber die gleiche typische Form.*

gab der Uhr erst ihren eigenen Stil und stellte sie in Mengen her. Seine »Pillar-and-Scroll-Shelf«-Uhr hatte ihren Namen von den schlanken Säulen zu beiden Seiten des rechteckigen Kastens, der normalerweise von Urnen und einem geteilten Giebel bekrönt und mit Schnecken am Fuß des Gehäuses dekoriert war. Unter dem hübsch bemalten eisernen Ziffernblatt sitzt eine Glasscheibe, die mit Blumenmotiven oder einer naiven Landschaft bemalt ist und ein kleines Loch in der Mitte frei läßt, durch das der Besitzer die Bewegungen des Pendels verfolgen kann.

Ursprünglich wurde das Gangwerk dieser Uhren wie bei vielen frühen amerikanischen Boden-Standuhren aus Holz gearbeitet. Erst später stand Terry genügend Messing zur Verfügung, um die serienmäßig in seiner Fabrik hergestellten Laufwerke aus Metall zu fertigen.

1802 ließ sich Simon Willard seine »Banjo-Uhr« patentieren. Sie wurde als »Amerikas wichtigster künstlerischer Beitrag zur Uhrmacherkunst« bezeichnet. Die Banjo-Uhr hatte ein qualitativ hochwertiges Laufwerk mit Westminsterschlag. Ihr Zifferblatt saß auf einem runden Gehäuse, das mit feingearbeiteten Knöpfen besetzt war. Darunter war ein schmaler Kasten angefügt mit einer eckigen Verdickung, in der das Pendelblatt schwang. Man konnte es durch eine Glasscheibe in der furnierten Front sehen. Später veränderten sich diese Uhren in der Form. Die Lyra-Uhr hatte unter dem Laufwerk-Gehäuse einen zierlichen lyraförmigen Körper. Sie war französischen Modellen nachgebaut. Normalerweise stand sie auf einer passend angefertigten Konsole und war nicht an der Wand aufgehängt. Eine andere Variation der Banjo-Uhr ist die »Girandole«.

D. Bouquett
A Londres

61 *Von links nach rechts: Französische Repetier-Reiseuhr von Soldano, mit vier Porzellanplatten in einem Rahmen aus stilisierten Bambusstangen; seltene englische Reiseuhr mit Kompaß oben und Thermometer an der Seite des Gehäuses. Das vergoldete Messing ist fein graviert, neben dem Kompaß liegen vier Delphine; französische Repetier-Reiseuhr in vergoldetem Messinggehäuse mit drei Elfenbeinseiten, handgemalt mit Szenen des 18. Jahrhunderts.*

62

Sie stand nicht mehr auf einem eckigen, sondern auf einem runden Kasten. Heute gehört sie zu den meistgesuchten antiken Uhren Amerikas.

Im Gegensatz zu den Standuhren sind amerikanische Taschenuhren nicht des Sammelns wert. Von den wenigen vor 1850 in Amerika hergestellten haben die meisten europäische Laufwerke, die anderen sind kaum zu empfehlen. Erst in der zweiten Hälfte des 19. Jahrhunderts leistete Amerika mit Ingersol und Waterbury seinen Beitrag zur Geschichte der Taschenuhren. Die nun in Massenproduktion hergestellten Uhren konnten sich Millionen Menschen in der ganzen Welt leisten. Zwei europäische Uhrentypen des 19. Jahrhunderts sind für den Sammler besonders interessant. Die kleine und zierliche Reise-Uhr aus Frankreich mit ihrem Messinggehäuse gewährt durch die Glasfront Einblick in das Laufwerk und verführt dadurch immer wieder zum Betrachten. Es gibt diese Uhren-Art in den verschiedensten Ausstattungen. **61** Zu erwähnen sind auch jene gewaltigen Kunstgebilde, die in den Jahren nach 1780 in Frankreich entstanden sind und im 19. Jahrhundert in ganz Europa hergestellt wurden. Sie reichen von den noch zurückhaltenden neoklassizistischen Uhren eines Vulliamy bis zu den Gebilden, die James Cox für den chinesischen Markt anfertigte. **55, 56** Es ist schwer zu glauben, daß die Chinesen diese aufeinandergetürmten Kamele, Elefanten und Drachen, auf denen eine völlig deplaziert wirkende Uhr mit Emailzifferblatt thronte, wirklich schön gefunden haben sollen. Doch auch diese Kunst-Verirrungen haben ihren Reiz und Charme wie so manche Uhr, die die Neigung des 19. Jahrhunderts zu romantischen, nostalgischen Träumen verrät. Späte Beispiele dieser Richtung findet man noch in Trödelläden zu annehmbaren Preisen.

Aus Platzgründen ist es nicht möglich, mehr als nur ein paar Uhrentypen der Vergangenheit aufzuzählen. Zu erwähnen wären vielleicht noch die Nachtuhren; die Kugel-Laufuhren, bei denen eine in einer Rinne ablaufende Kugel das Laufwerk antreibt; die Wanduhren aus dem Schwarzwald und die Stooluhren aus Friesland, die äußerst dekorativ sind. Sie alle steigen kräftig im Preis, da mehr und mehr Sammler auf sie aufmerksam werden.

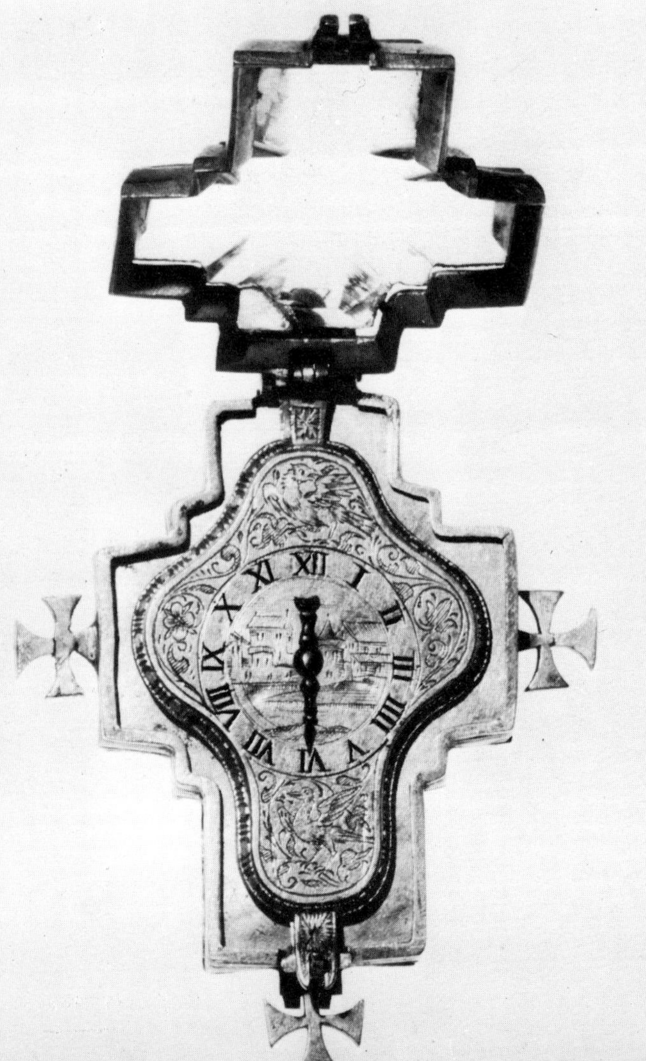

63

62 *Zwei französische Uhren, etwa 1700 und Mitte 17. Jahrhundert, daneben eine deutsche Weckuhr.*

63 *Figurenuhr in Kreuzform mit Bergkristalldeckel, vermutlich Deutschland, spätes 16. Jahrhundert.*

64 *Französische Reiseuhr mit Kalender und Lederetui.*

65 *Besonders bemerkenswerte Uhr von Abraham-Louis Breguet. Das goldene Zifferblatt vorn gibt die Zeit an, das rückseitige Zifferblatt des Kalenders besteht aus Platin. Ihr erster Besitzer, General Junot, mußte 1807 den Preis von 5160 Francs bezahlen.*

64

65

Schmuck

66 *Spanische Topas-Agraffe mit Silberfassung, etwa 1760.*

67 *Eine Sammlung von Edelsteinschmuck der verschiedenen Stile zwischen 1840 und 1890. Das älteste Stück ist eine dreifache Brosche mit Cabochonsteinen und Rollwerk auf der Fassung. Schlangen waren ein beliebtes Muster, und Reisen ins Ausland brachten eine Welle von etruskischem Mosaikschmuck. Der etruskische Stil mit seinen Granulationen kam um 1860 auf und hielt sich etwa zwanzig Jahre. Zur gleichen Zeit besetzte man Edelsteine und Emailarbeiten mit Gold und anderen Steinen. Der kleine Anhänger mit den Fransen trägt ein Registrierzeichen von 1872, der große ist im Stil des Ästhetizismus gearbeitet.*

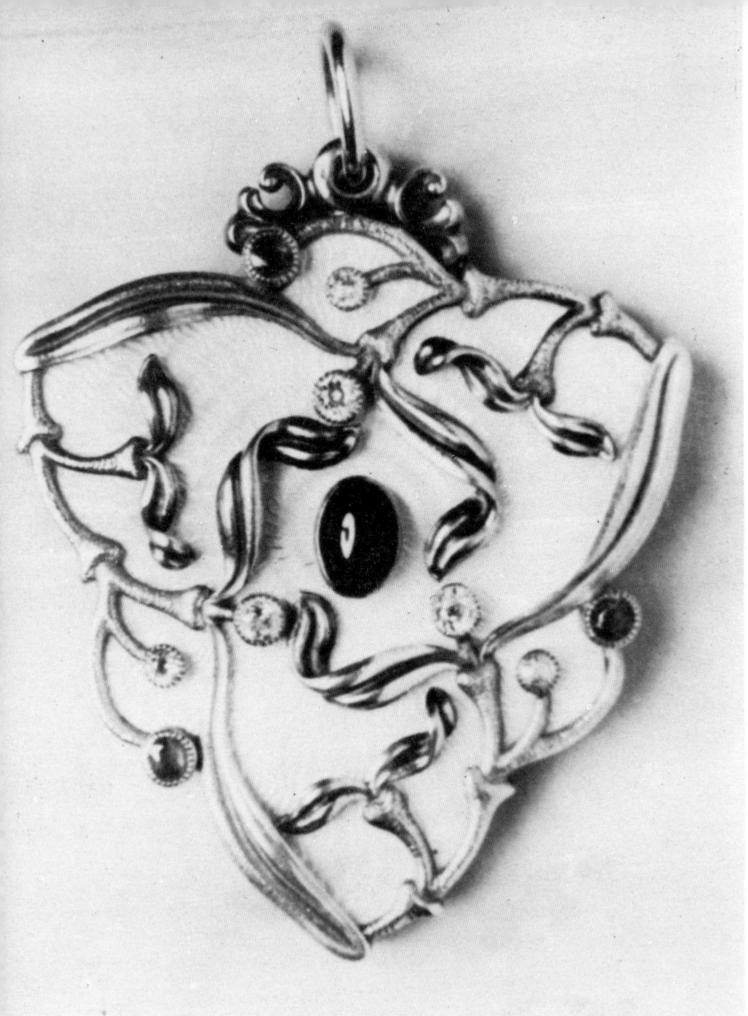

68 *Emailplatte mit Edelsteinen und Goldbesatz. Anhänger von Fabergé aus dem späten 19. Jahrhundert.*

69 *Schwalben von Lalique, Email und Gold. Die Bewegung in diesem Schmuckstück ist für den Jugendstil typisch.*

Seit Jahrtausenden sind Schmuck und Juwelen des Menschen liebster Besitz. Ob als Schutz vor Krankheit und Gefahr getragen, als Kapitalanlage verschlossen, teuer gekauft, um der Frau zu gefallen oder auf dem Markt mit dem letzten Ersparten für die Liebste erstanden – sie wurden immer begehrt. Von Generation zu Generation vererbt, wurden sie sorgfältig gepflegt und behütet. Sie haben Menschen zu Verbrechen getrieben, aber auch unbeschreiblich viel Freude gemacht und oft auch Sicherheit geboten.

Was aber gibt den Juwelen diese Macht? Sicherlich spielen ganz andere Dinge mit als der meßbare Wert, denn viele alte und einst hochgeschätzte Schmuckstücke besitzen nur einen geringen Materialwert. Woher kommt dann die Faszination? Unzweifelhaft geht sie vom Betrachter aus, der den Schmuckstücken Schönheit und Freude, Liebe und Zuneigung entgegenbringt.

Antike Juwelen

In der griechischen, römischen und etruskischen Zeit wurden Juwelen und Schmuck nur wegen ihres Goldwertes geschätzt. Die handwerkliche Arbeit war nicht besonders ausgefeilt, die Formen einfach und ansprechend, nur kaum das Werk eines Genies. Kostbare Steine waren zu der Zeit unbekannt. Die wichtigsten Stücke des antiken Schmuckes sind in Museen ausgestellt, Objekte von Bedeutung lassen sich in Antiquitätengeschäften fast gar nicht finden; nur gelegentlich tauchten schöne Juwelen auf Auktionen auf. Abgesehen von Kameen zieht der alte Schmuck moderne Frauen wenig an. Sogar die sorgfältig granulierten etruskischen Stücke sind grob gearbeitet und halten in punkto Schönheit einem Vergleich mit Schmuck von Castellani oder anderen Goldschmieden des 19. Jahrhunderts nicht stand. Antiker Schmuck gleicht in den Formen oft modernen Goldschmiedearbeiten, wie etwa Halsketten, Ringen, Armbändern, Broschen, Nadeln und Perlenschnüren. Besonders Diademe waren für die Zeit typisch, sie wurden oft dem Sieger aus Anlaß eines sportlichen Wettkampfes auf den Kopf gesetzt.

Renaissance-Schmuck

Die erste bemerkenswerte Schmuckperiode war die Renaissance. Die großartigen Stücke aus dieser Zeit sind verhältnismäßig selten und extrem teuer. **71** Sie wurden in erster Linie für Herrscher oder kirchliche Würdenträger angefertigt. Bürger des Mittelstandes trugen bis zum Ende des 18. Jahrhunderts keinen Schmuck. Sehr feine Renaissance-Juwelen sind heute fast unerschwinglich. Man findet aber noch einige einfache Stücke zu vernünftigen Preisen, die für den Sammler interessant sein können.

Besonders beliebt zu dieser Zeit waren Hut-Agraffen. Könige begeisterten sich für Kameen und ließen ihre Portraits von Goldschmieden kostbar einfassen. Berühmte Maler und Architekten schufen mit großem Stolz Schmuckvorlagen. Königliche Roben waren im 16. Jahrhundert mit Perlen und Juwelen nahezu überschüttet. Die Emailtechnik verfeinerte sich sehr, und die Fassung eines Schmuckstücks wurde weit wichtiger als der Stein. Die Steinschneidekunst hatte sich noch nicht richtig entwickelt, und die Gemmen waren auf ihren Rückseiten noch vom Gold oder Silber der Fassungen bedeckt. Goldschmuck hingegen war auf der Rückseite fein bearbeitet.

Das 18. Jahrhundert

Seit der Enwicklung des Edelsteinschliffs gegen 1700 legte man mehr Wert auf den Stein als auf Muster und Emailarbeiten. Man achtete darauf, die Brillanz der Steine hervorzuheben; meistens wurden sie in Silber, seltener in Gold gefaßt. Etwa zu jener Zeit begann der Mittelstand, Schmuck zu kaufen. Man trug große Stücke, besonders mit Diamanten, die lose in Silberfassungen eingepaßt waren, so daß sie sich bei jeder Bewegung drehten. Die Steine funkelten im Kerzenlicht, und ihre Größe und Leuchtkraft erregte Aufmerksamkeit. Die Fassungen wurden leichter und offener und ließen das Licht durch den Stein scheinen,

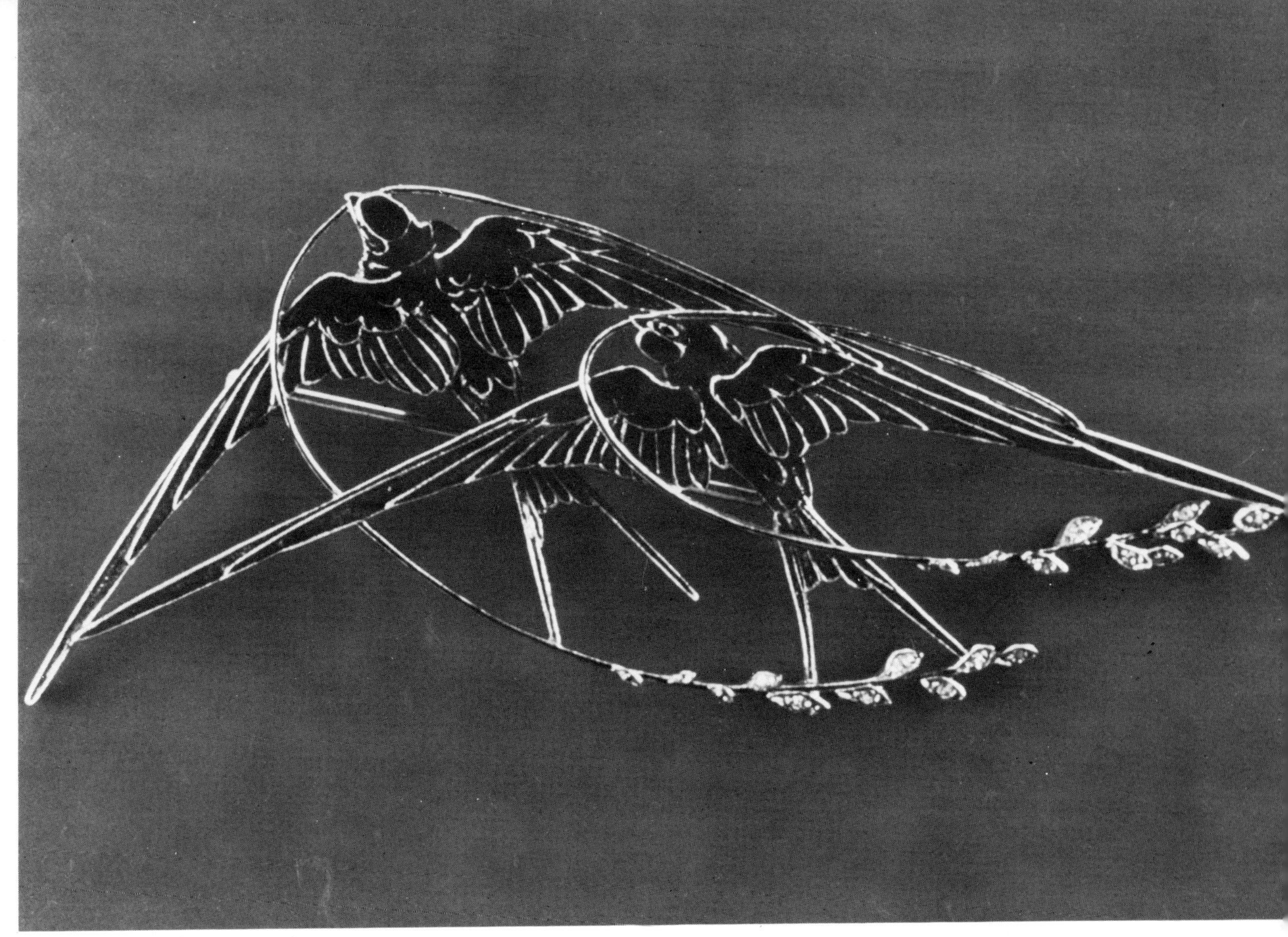

wodurch die Farben noch intensiver leuchteten. Während dieser Periode waren in Ungarn noch überwiegend Emailarbeiten in Mode; man kopierte mit Begeisterung den Renaissanceschmuck. Viele der ungarischen Schmuckstücke sind heute noch auf dem Markt und lohnen das Interesse des Sammlers.

Das 19. Jahrhundert

Die Blüte der Juwelierkunst war wohl im 19. Jahrhundert, besonders in Frankreich und England. Aber auch in Amerika ließen sich hochqualifizierte Goldschmiede nieder. Da es in diesen Ländern noch sehr viele hervorragende Werkstätten gab, in denen wertvoller Schmuck mit der Hand gearbeitet wurde, deckte der maschinell hergestellte Schmuck mehr den einsetzenden Bedarf des Durchschnittsbürgers.

Das Sammeln antiken Schmucks

Antiker Schmuck kann in vieler Hinsicht anregend sein; nicht nur, weil er schön und interessant ist, sondern auch weil man ihn jeden Tag tragen und bewundern kann und er Gesprächsstoff für die Unterhaltung bietet. Richtig ausgesucht, kann er auch eine gute Kapitalanlage sein. Im Gegensatz zu den überall erhältlichen modernen Stücken wird man des guten antiken Schmucks nicht überdrüssig; er gewinnt mit der Zeit sogar noch an Attraktivität.

Die meisten Sammler sind der Ansicht, es sei besser, alles verfügbare Geld in einer großen Kostbarkeit anzulegen als viele kleine minderwertigere Stücke zu kaufen. Das hängt davon ab, ob man ein bestimmtes Einzelstück kauft, um es zu tragen, oder ob man es mehr auf den Verkaufswert abgesehen hat. Sammler kaufen antiken Schmuck, um sich damit zu schmücken; Händler, um Gewinn zu machen. Seltsamerweise sind die besten Kenner und beharrlichsten Stöberer unter den Sammlern Männer. Sie versuchen aus reiner Freude an der Handarbeit und an der künstlerischen Qualität, Raritäten zu bekommen, die sie häufig als Leihgaben den Museen zur Verfügung stellen.

Zu den berühmtesten Sammlern der Geschichte gehören die Familien Medici (Italien), Gulbenkian (Portugal), Esmerian (New York), Gutman (New York) und Citroen (Holland). Der größte Teil der Sammler bleibt jedoch anonym.

Im 19. Jahrhundert wurde Schmuck in solcher Vielfältigkeit hergestellt, daß sowohl für den großen wie für den schmalen Geldbeutel genügend Angebote auf dem Antiquitätenmarkt zu finden sind. Für den bescheideneren Sammler kommen besonders folgende Kategorien in Frage: Kameen aus Edelstein und Muscheln, Andenkenstücke und Haarschmuck, Jett, Mosaikarbeiten, Silber und Eisenschmuck, Glasfluß und Schmuck aus unedlen Metallen. Vieles davon ist lange unbeachtet geblieben. **69** Schmuck aus Westindien und Mexiko wie auch Korallen gibt es noch zu annehmbaren Preisen.

Als Sammler kann man sich auch auf Schmuck mit Schließvorrichtung konzentrieren: Kleiderspangen, Armbänder, Haarkämme, Ohrringe, Schuhspangen, Ringe, Krawattennadeln und Amulette. Eine weitere Möglichkeit zum Sammeln sind Darstellungen von Tieren und Insekten, zum Beispiel Hunde, Schmetterlinge, Motten, Libellen, Käfer und sogar Wasserspeierfiguren. Eine der schönsten Sammlungen bestand aus Libellen und Schmetterlingen aus Email mit beweglichen Flügeln und einfachen Edelsteinen. Es gibt auch Kollektionen von Eidechsen, Affen, Elefanten, Eseln und Seehunden sowie Bleistifte, deren Mechanismus durch Drehen eines Farbsteines ausgelöst wurde.

70

70 *Tiara im gotischen Stil, emailliert und mit Edelsteinen besetzt. England, wahrscheinlich Wilson oder Murphy, 1910.*

71 *Renaissance-Adler mit Steinen und Emaileinlage.*

72 *Uhr mit Edelsteinen und Emailarbeit. Boucheron, Frankreich um 1800.*

73 *Uhrenkette mit Uhr, feine Goldarbeit mit Cabochonsaphiren, Marcus und Co. USA, Anfang 1900.*

74 *Sehr schöne Kamee, mit Diamanten und Perlen umrandet. England, Mitte 19. Jahrhundert.*

72

73

71

75

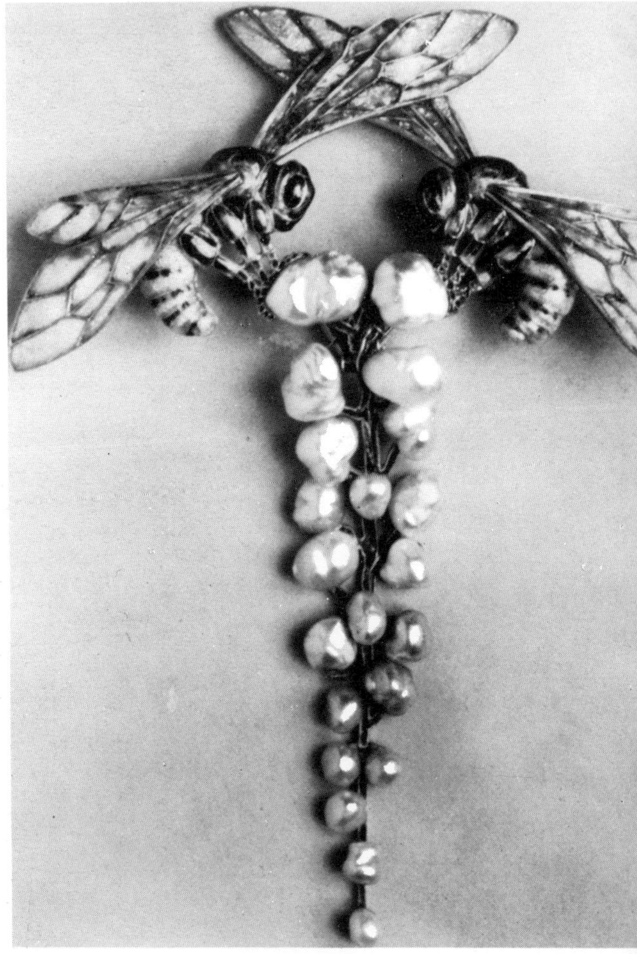

76

Interessant sind auch englische Juwelier-Arbeiten mit ägyptischen Motiven, die mit den bedeutenden archäologischen Entdeckungen des 19. Jahrhunderts ins Land kamen. Oder ostindischer Schmuck, der nach dem Anschluß Ostindiens an das Commonwealth beliebt wurde.

Emailschmuck ist eine andere hochinteressante Spezialität. Die reichlich auf dem Markt vorhandenen Stücke sind nicht teuer, beweisen aber großes künstlerisches und handwerkliches Können. Handgearbeiteter Emailschmuck ist besonders dann wegen seiner Schönheit und guten Ausführung interessant, wenn das Email durchscheinend, transluzid, ist. Anläßlich des fünfzigsten Geburtstages der Königin Viktoria erfand man in England das sogenannte »Jubilee Enamel« mit frischen und leuchtenden Farben.

Lange übersehen blieben die Schöpfungen der von Künstlern und Handwerkern ins Leben gerufenen Jugendstilbewegung. Ihre in Silber und Gold gearbeiteten Schmuckstücke haben historischen Wert, der ständig wächst. Kleine Objekte dieser im Ausland »Art Nouveau« genannten Stilrichtung sind noch preiswert zu erstehen. **78**

Wer bereit ist, etwas mehr Geld auszugeben, sollte ein Auge auf die fabelhaften Gold- und Emailarbeiten von Giuliano oder die fein granulierten Schmucksachen von Castellani werfen. Beide Italiener haben im 19. Jahrhundert in England gelebt. **75**

In Amerika sammeln einige weitsichtige Liebhaber die Arbeiten weltberühmter Firmen wie Tiffany, Marcus und Co., Cardwell und Jenson.

Das Sammeln

Das Wichtigste an wirklich alten Schmuckstücken ist die Verarbeitung. Billige Stücke sind als Reproduktionen angefertigt, aber nicht in der Absicht, Originale zu imitieren. Das wäre auch völlig unsinnig, weil es nicht schwer ist, zwischen moderner und alter Verarbeitung zu unterscheiden. Im allgemeinen sehen die Reproduktionen neu und unabgenutzt aus. Sie haben regelmäßige und glatte Kanten, die auf Maschinenfertigung schließen lassen, und sind zu stark poliert. Die Steine sitzen in einer offensichtlich maschinell hergestellten Fassung mit gleichmäßigen Ecken. Billige Reproduktionen dürfen normalerweise nicht signiert sein. Höchstens mit einem Feingehaltsstempel, wenn sie aus Gold sind. Dennoch tauchen immer wieder auch Fälschungen auf, bei denen selbst der Händler im Zweifel ist. Es ist deshalb immer ratsam, sich beim Kauf Gewißheit über das Alter des Schmucks zu verschaffen. Stellt man später fest, daß er eine Reproduktion ist, kann man ihn zurückgeben. Man sollte nie vergessen, daß schöne antike Stücke meist länger attraktiv bleiben als moderne. Gute Juwelen aus allen Stil-Epochen sind reproduziert und sogar mit gefälschten Stempeln versehen worden, um höhere Preise zu erzielen. An einem teuren Objekt muß deshalb hervorragende Handarbeit zu erkennen sein. Es ist meistens auf der Vorder- und auf der Rückseite gleichmäßig gut verarbeitet.

Vor 1850 wurden verhältnismäßig wenige Juwelen signiert, selbst von großen Goldschmieden nicht. Erst im späten 19. Jahrhundert wurden, besonders von den Goldschmieden des Jugendstils, Zeichen angebracht. Manchmal befanden sie sich auf den Nadeln, die abgebrochen oder entfernt sein könnten. Auch wenn eine Brosche zu einem Anhänger umgearbeitet wurde, ging die Signatur verloren. Berühmte Goldschmiede wie Lalique haben ihre Arbeiten mit persönlichen Namen oder Meisterzeichen versehen. **69** Auch Engländer wie Giuliano, Castellani, Brogdan und Hancock signierten ihre Stücke. Andere Goldschmiede signierten sehr selten, so daß der Verkäufer schon mit den

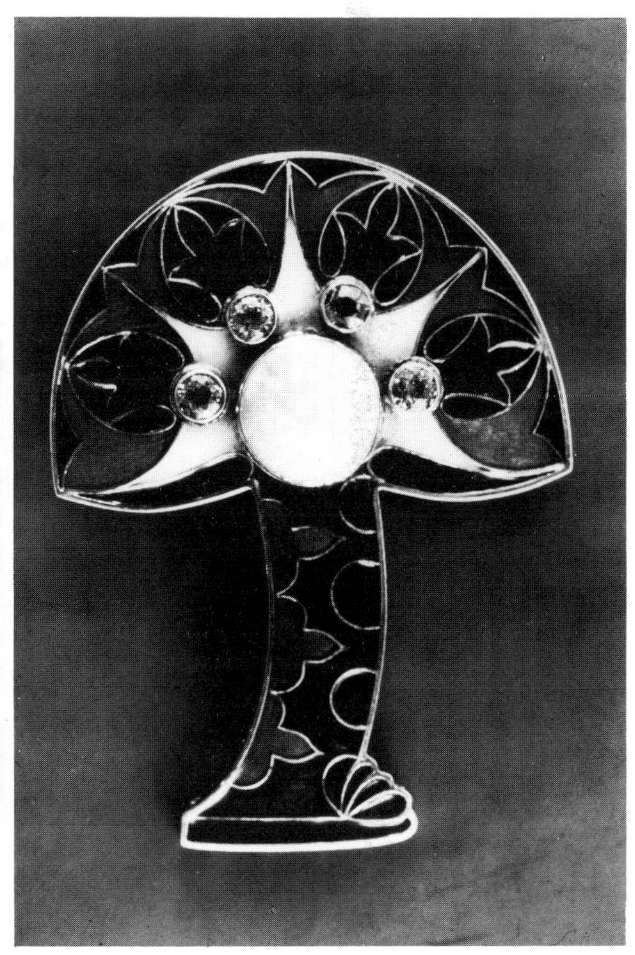

77

78

Besonderheiten der Juweliere vertraut sein muß, um ihre Werke eindeutig zu erkennen.

Viele Jahrhunderte lang war Frankreich führend in der Herstellung besonders schönen Schmucks. Die herausragenden Juweliere des 19. Jahrhunderts waren Meurice, Bapst, Fontenay, Wiese, Falize und Boucheron. **72** Aber auch andere Länder leisteten ihren Beitrag zum Stil der Juwelierkunst. Eindeutig zu identifizieren sind zum Beispiel Schmuckstücke ungarischer Herkunft, und die peinlich saubere Verarbeitung ist für Russen wie Fabergé charakteristisch. **68**

Die Arbeiten von Giuliano und Castellani sind ebenfalls zu erkennen. Sie haben die etruskische Granulier-Technik sorgfältig weiterentwickelt und zur Vollendung gebracht. Tiffany und Marcus pflegten ihren eigenen Stil ebenso wie Cartier und Van Cleaf oder Arpels. **73** Den ausgeprägtesten Stil in England schuf sich wohl die Jugendstilbewegung, die auch dort Fuß faßte. Auf französischen Schmuckstücken der »Art Nouveau« finden sich verschiedene gravierte oder gestempelte Zeichen. Der niedrigste französische Gold-Feingehalt war 18 Karat oder 750/1000. Im Januar 1864 wurde das Zeichen ET für importiertes Gold eingeführt, das zwar der französischen Goldeinheit entsprach, aber aus Ländern ohne feste Vorschriften stammte. Im Juni 1893 wurde dieses Zeichen durch eine Eule in einem ovalen Rahmen ersetzt. Weder anhand des ET noch des Eulen-Emblems läßt sich ein Schmuckstück datieren oder die Zeit feststellen, zu der es importiert und geprüft wurde. Pariser Goldschmuck der »Art Nouveau« sollte mit einem Adlerkopf gestempelt sein, der die Goldnorm garantiert. Hat er einen Feingehalt von weniger als 18 Karat, so stammt er wahrscheinlich nicht aus Frankreich. In Amerika waren 14 Karat üblich und in England und dem übrigen Europa zwischen 9 und 18 Karat.

75 *Brosche mit Diamanten und Perlen von Giuliano, England, Mitte 19. Jahrhundert.*

76 *Goldbrosche mit durchscheinendem Email. Masriera, Portugal, um 1900.*

77 *Brosche in Pilzform, beidseitig Email auf Gold, mit großem Feuer-Opal. Signiert »HG Murphy«, England um 1910.*

78 *Große Brosche mit Zuchtperlen und Email. Paul Lienard, Frankreich um 1900.*

Keramik

Vom primitiven Tongeschirr des Altertums bis zu den überfeinerten Produkten des 18. Jahrhunderts gibt es eine Fülle von Angeboten, aus denen der Sammler auswählen kann – vorausgesetzt, er bringt Kenntnisse, Geschmack und Begeisterung mit, um sich intensiv mit der Entdeckung und Zuordnung der Stücke zu befassen.
Grundkenntnisse und Fachausdrücke der Töpferkunst sind nicht nur wünschenswert, sondern für jeden, der eine Sammlung zusammenstellen will, wesentliche Voraussetzungen. Vieles läßt sich mit der Zeit erlernen: etwa Schlüsse aus der äußeren Erscheinung eines Keramikstücks zu ziehen, aus seinem Gewicht, seinem Aufbau und seiner physikalischen Beschaffenheit.

Zunächst gibt es die Unterscheidung zwischen zwei verwandten Materialien. Das Wort Töpferwaren wird im allgemeinen für alles gebraucht, was der Töpfer herstellt. Es grenzt aber gleichzeitig die verschiedenen Arten von Ton- und Steingut gegen das Porzellan ab.

Töpferware ist die Bezeichnung für alles, was aus normalem Ton oder Töpferlehm hergestellt wird und bei Sonnenhitze oder in einem Brennofen getrocknet wird. Unglasiert ist es porös und absolut lichtundurchlässig.

Steinzeug ist harte Tonware aus mageren Tonen oder Mischungen mit Feldspat und Kalk, die bei hohen Temperaturen um 1200° C gebrannt und oft mit einer Salzglasur versehen wird, wobei Kochsalz mit in den Brennofen gegeben wird. In seiner besten Qualität ist Steinzeug so hart und besitzt so feine Poren, daß es keine Glasur benötigt, um wasserdicht zu sein und sogar wie Flintglas geschnitten werden kann. Es ist normalerweise undurchsichtig, kann aber auch gelegentlich halb-transparent gefertigt sein.

Porzellan (Hartporzellan) wurde ursprünglich in China und später in Europa aus einer Mischung von Kaolin (reinem Lehm) und Feldspat hergestellt und bei hohen Temperaturen um 1350° C gebrannt. Es hat einen sehr harten Scherben und ist dabei durchscheinend, ausgenommen in der massiven Ausführung bei Figuren.

Weichporzellan ist »falsches« oder »Frittenporzellan«, das aus glasartigen Stoffen hergestellt wird, denen man Ton hinzufügt. In England enthält die Masse noch Knochenasche und Alabasterscherben. Weichporzellan wird bei niedrigeren Temperaturen als Hartporzellan gebrannt und muß dann noch austrocknen. Es ist unterschiedlich durchscheinend.

Knochenporzellan ist eine englische Variante des Hartporzellans. Ihm wird Knochenasche hinzugefügt. Im frühen 19. Jahrhundert war diese Art Porzellan in England allgemein im Gebrauch. Es ist stabil und gleichmäßig durchscheinend.

Glasur ist ein Überzug aus Glasmasse, die entweder durch Eintauchen oder Auftragen auf die Oberfläche gebracht wird und klar oder farbig sein kann. In Asien wurde die Glasur nach dem natürlichen Trocknen, jedoch vor dem ersten Brennen aufgetragen. Im Westen wurde sie nach dem ersten Einbrennen (Vorbrand) aufgetragen. Unglasiertes Porzellan ist als Biskuitporzellan bekannt. Das Bemalen der unglasierten Form mit Emaille-Farben nennt man Emaillieren auf Biskuit.

Unterglasur und Überglasur. Beim Glasieren kommen nur die Farben infrage, die den hohen Temperaturen standhalten, die zum Schmelzen der Glasur notwendig sind. Das Bemalen mit diesen Farben, von denen die bekannteste Kobaltblau ist, nennt man Unterglasur-Dekoration oder Scharffeuer-Dekor. Eine größere Auswahl von Farben und Vergoldungen kann über der Glasur nach dem ersten Brand aufgetragen werden. Sie heißen Muffelfarben und werden bei niedrigeren Temperaturen eingebrannt.

Manufakturzeichen. Viele Sammler schwören auf diese Zeichen. Obwohl sie interessant und nützlich sind, kann man sich nicht immer auf sie verlassen. Über Jahrhunderte hinweg war es gerngeübte Praxis, sie zu kopieren, zu plagiieren und zu verändern. Bis weit ins 19. Jahrhundert hinein hatten nur wenige europäische Manufakturen ein gleichbleibendes Markierungssystem. Viele erstklassige Stücke haben sogar überhaupt kein Zeichen. Die hier abgebildeten Manufakturzeichen sind nur eine Auswahl unter Tausenden.

Manufakturzeichen auf Keramik und Porzellan

Es gibt über 5000 Manufakturzeichen. Diese kleine Auswahl soll die täuschende Ähnlichkeit verschiedener Marken von verschiedenen Fabriken aus unterschiedlichen Zeiten verdeutlichen und gleichzeitig vor Verwechslungen warnen.

1 Nast, rue Popincourt, Paris, Mitte 19. Jahrhundert.
2 Sèvres, zweites Empire, 1854–70. Zahl gibt das Jahr an.
*3 Neapel, zweite Periode, ab etwa 1760 **
*4 Worcester, 1755–75, Imitation chinesischer Siegelmarke.**
5 Chinesische Siegelmarke, Regierungszeit Yung Chêng, 1723–36.
6 Japanische Glückwunschmarke, bedeutet »Glück« auf einigen Kaga Kutani-Stücken.
7 Rouen, Ende 17., Anfang 18. Jahrhundert.
8 Capodimonte, ab 1736, und Buen Retiro ab 1760.
*9 Vincennes, 1738–56, dann Sèvres. Normalerweise nur verschlungene »L«, Lilie nur selten vorhanden.**
*10 Meissen, (Sternperiode 1774–1815). Gekreuzte Schwerter bis heute verwendet **
11 Bristol, 1770–81, Imitation von Meissen.
12 Pottschappell bei Bonn, 19. – 20. Jahrhundert.
13 Venedig, Cozzi Manufaktur, 1765–1812.
*14 Chelsea, roter Anker, 1752 – 56. **
*15 Chelsea, goldener Anker, 1756–69. **
16 Chelsea-Derby, gold, 1769 –84.
17 Bow, auf Figuren, 1760–76.
18 Davenport, 1793–1820.
19 Derby, 1782–1800. Erste Zeichen in Braunrot, später in Rot.
20 Derby, Stevenson und Hancock, 1861–1935.
21 Worcester, Barr, Flight und Barr, 1807–13.
22 Ludwigsburg, 1758–1806.
23 Niderviller, ab 1792. (Unterschied zu 22 nur in den Kronen)
24 Sèvres, 1829–30, Zahl gibt Jahr an.
25 Höchst, 18. Jahrhundert.
26 Höchst, 19. Jahrhundert.
*27 St. Cloud, frühes 18. Jahrhundert. **
28 Doccia, ab 1735.
29 Worcester, Kerr und Binns, 1852–62.
30 Worcester, ab 1862.
*31 Holländisches Delft, Albrecht de Keizer, ab 1642. **
*32 Holländisches Delft, Antoni Kruisweg, ab 1740. **
*33 Meissen, Monogramm August des Starken, ab 1725, wurde von Wolfsohn in Dresden im 19. Jahrhundert viel imitiert. **
34 Meissen, Königliche Porzellanmanufaktur, ab etwa 1726.
35 Berlin, 1837–44, das Zepter erscheint in geringfügigen Veränderungen meistens allein.
36 Scheibe, 19. und 20. Jahrhundert.
** Diese Marken werden am häufigsten gefälscht.*

1 2 3 4 5 6
7 8 9 10 11 12
13 14 15 16 17 18
19 20 21 22 23 24
25 26 27 28 29 30
31 32 33 34 35 36

Töpferwaren

79 *Chinesisches Pferd, mit einer feinen cremefarbenen und braunen Glasur. Tang Dynastie.*

80 *Griechische Vase mit schwarzen Figuren, etwa 500 v. Ch.*

Die einleitenden Bemerkungen sollen helfen, die von den Keramik-Enthusiasten gesprochene Sprache zu verstehen. Es folgt dann eine etwas detailliertere Aufzählung der Hauptarten von Töpferwaren im Unterschied zum Porzellan. Da beide sich zu gewissen Zeiten und an einigen Orten sehr stark gleichen, lassen sie sich nicht immer leicht unterscheiden. Oft wetteifern sie miteinander, und viele Manufakturen, wie zum Beispiel Spode und Swansea, stellten beides gleichzeitig her. So manches Produkt war eine Abart von Steinzeug, obwohl es Porzellan genannt wurde. Es ist deshalb üblich, Töpferwaren und Porzellan in getrennten Abschnitten zu behandeln, und sei es auch nur, weil die Sammler sich aus unerfindlichen Gründen stets auf eine dieser beiden Arten konzentrieren.

Chinesische Grabfiguren

Da die Chinesen das Porzellan sehr früh erfunden haben und ihre Produkte demzufolge unter diese Rubrik fallen, gilt das Hauptinteresse an ihren Töpferwaren den Gefäßen und Figuren aus den Gräbern der Han und T'ang Dynastien zwischen 200 v. Chr. und 900 n. Chr. Ursprünglich sollten diese Tonfiguren von Tieren und Menschen ein Ersatz sein für die lebenden Pferde, Diener, Frauen und tanzenden Mädchen, die einem Mann von Stand gehörten und die früher mit ihm begraben worden waren. Diesem Zugeständnis an die Menschlichkeit verdanken wir die besonders schönen T'ang-Pferde mit und ohne Reiter aus rot-braunem Ton, die glasiert wurden oder nur mit Pigmentspuren erhalten sind. **79** Neben den Grabfiguren stellten die Töpfer der T'ang Dynastie auch Gefäße mit gesprenkelter grüner und gelber Glasur her.

Griechenland und Rom

Die Töpferwaren des antiken Roms und Griechenlands werden oft für etwas ganz besonderes gehalten, eher für Museumsstücke als Antiquitäten. Es lohnt sich dennoch – auch für Sammler neuerer Objekte – auf dem Antiquitätenmarkt danach Ausschau zu halten. Sie sind in so großer Anzahl erhalten geblieben, daß auch der private Käufer eine Terrakotta-Figur erstehen kann, oder wenigstens ein interessantes Teil davon, das aus den Tagen des alten Roms stammt. Eine griechische Schale mit Figuren in Rot auf Schwarz oder Schwarz auf Rot aus dem 5. Jahrhundert v. Chr. kann unter Umständen weniger kosten als eine spätere Porzellanvase zweifelhafter Herkunft. **80**

Persien

Ungefähr das gleiche gilt für die persische Töpferware der klassischen Periode aus dem 12. bis 14. Jahrhundert. Sie ist mit goldener Lüsterfarbe oder mit Emailfarben in Blau, Purpur, Rot und Grün bemalt und hat ein gedämpftes mattes Aussehen. Die besten Beispiele dafür sind die flachen Schalen. Kacheln mit Tieren, Vögeln, Blattwerk und Inschriften in Relieftechnik lassen sich zu beachtlichen Sammlungen zusammenstellen.

Majolika, Fayence, Delft

In der frühen italienischen Töpferei läßt sich ein persischer Einfluß feststellen, zum Beispiel an dem »Albarello«, einem Apothekergefäß mit eingezogenen Seiten, der für eine ganze Reihe ähnlicher Töpfe repräsentativ ist. Sie sind aus weichem Kachel-Lehm gefertigt und mit einer Bleiglasur überzogen, in die Zinn-Oxyde gegeben wurden. Sie sind mit vielen Farben oder auch nur blau auf weißem Grund dekoriert. Apothekengefäße, Krüge, Schüsseln, Vasen und andere Gefäße wurden mit ähnlicher Dekoration in vielen Ländern angefertigt.

Aufgrund eines alten Mißverständnisses wird die italienische Art »Majolika« genannt. Auf Schiffen aus Mallorca wurde spanisch-maurische Töpferware mit Metall-Lüsterdekoration, die der italienischen stark ähnelte, von Valencia nach Italien gebracht. In der Annahme, sie käme aus Mallorca, nannte man sie Majolika.

Zwischen 1450 und 1630 wurden die schönsten italienischen Majoliken in Urbino, Venedig, Genua und Faenza hergestellt. Sie waren in leuchtenden Farben mit Trophäen, Arabesken, Figuren und Blumen bemalt. Diese breite Palette mußte bald zugunsten des blau-weißen Porzellans aufgegeben werden, das aus China nach Europa kam. Um im Existenzkampf zu überleben, waren die Töpfer im Westen gezwungen, das östliche Porzellan zu imitieren. Der Bildhauer della Robbia verhalf dem Töpferhandwerk schließlich zu künstlerischem Ansehen.

Französische Fayencen, deren Name sich von der Stadt Faenza ableitet, haben mit den Majoliken vieles gemeinsam. Sie wurden in vielen Zentren angefertigt. Im späten 17. und frühen 18. Jahrhundert konnte man die Arbeiten aus Rouen und Nevers an den kühnen Formen – wie zum Beispiel Terrinen – und an der typischen Bemalung sowohl in mehreren Farben als auch in Blau/Weiß erkennen. Die französische Tradition entstammt dem Jahre 1550, als in St. Porchaire für Heinrich II. Waren aus Pfeifenton angefer-

PER:ORBIM:DICOR

82

81 *Krug mit Apothekerwappen und Inschrift. Englisch Delft, datiert 1650.*

82 *Kreussener Trinkkrug, sogenannte »Krause«.*

tigt wurden, in den eine Dekoration aus Emailfarben eingelegt worden war. Leider sind nur wenige echte Stücke erhalten. Ebenso selten sind die ersten Teller von Bernard Palissy, die etwas unschön mit Schlangen und Kröten bemalt sind. Mancher unerfahrene Sammler glaubt, ein Stück von Palissy erwischt zu haben, in Wirklichkeit handelt es sich jedoch nur um ein scheußliches portugiesisches Teil des 19. Jahrhunderts mit dem gleichen Dekor. Schöne französische Fayencen werden noch heute unter anderem in Quimper hergestellt.

Das holländische Delft war bis 1600 eine reine Bierbrauerstadt, erst danach widmete sich ein großer Teil der Einwohner der zinnglasierten Töpferei. Die Industrie war in einer Gilde streng organisiert. Sie stellte harte Aufnahmebedingungen, sorgte für einen hohen Leistungsstand und verfügte über eine Reihe von Meistermarken, die überliefert sind und die Bestimmung eines Delfter Stückes erleichtern. Dennoch gibt es auch eine Fülle von gezeichneten Kopien. Viele sind von östlichem Porzellan beeinflußt, das die niederländische Ostindische Handelskompanie mitbrachte. Überall in Holland und im ganzen übrigen Europa wurden ähnliche Erzeugnisse hergestellt. Es gab eine Fabrik in Irland, eine in Bristol, jeweils eine in den Londoner Stadtteilen Lambeth und Fulham, in Liverpool und in Somerset. Ihre Produkte laufen unter dem leicht verwirrenden Namen »English Delftware«. **81** Am meisten stößt man auf Schüsseln mit lebhaften Zeichnungen in Blau oder auch mehrfarbig – in Gelb, Purpur und Grün. Die Darstellungen zeigen Chinoiserien, Blumen, Adam und Eva, patriotische Portraits von Wilhelm von Oranien und im

83

84

83 *Kanne aus rheinischem Steinzeug mit vergoldetem Silberbeschlag.*

84 *Keramik von Obadiah Sherrat. Hector Munro wird von einem Tiger getragen.*

18. Jahrhundert Inschriften mit der Parole »Erfolg für britische Waffen«.

Steinzeug

In Deutschland war der Gebrauch von blei- oder zinnglasiertem Steinzeug weitgehend auf Öfen und Kacheln beschränkt. **82** Ab 1540 wurde im Rheinland ein härteres Material verarbeitet, das mit einer Salzglasur versehen war. Man stellte daraus die mit Blattranken und Medaillons verzierte Schnelle her, einen hohen leicht konischen Weinkrug, die kugelige Pinte und die birnenförmigen Bartmannskrüge mit ihren bärtigen Masken. Vermutlich sollten sie eine Anspielung auf Cardinal Bellarmin darstellen, weswegen sie auch den Namen »Bellarmines« tragen. Ihre Glasuren über grau-weißem Scherben sind gold- bis dunkelbraun, verschiedentlich tragen sie auch blaue Dekors. Englische Töpfer ließen sich von diesen Erzeugnissen anregen und fertigten in der elisabethanischen Zeit getigerte Krüge mit gelb-brauner Glasur an. Mit Silber-Armierungen versehen erzielen sie heute hohe Preise. Gegen 1670 erfand John Dwight in Fulham ein sehr hartes Steinzeug, dem er fälschlich den Namen Hartporzellan gab. Büsten aus diesem Material sind sehr schön, aber selten. Viel häufiger findet man Krüge, die den deutschen Formen nachgebildet sind und oft Initialen und Portraits von Karl II. und Wilhelm III.

tragen. Die schlichten Krüge lassen sich von den zeitgenössischen deutschen Exemplaren nur schwer unterscheiden, ein Fachmann kann aber aus den Spuren der Töpferscheibe am Boden des Gefäßes eine Fülle von Informationen herauslesen.

Die holländischen Gebrüder Elers führten Ende des 17. Jahrhunderts Steinzeug mit Salzglasur in Staffordshire ein. Sie verarbeiteten auch ein unglasiertes, feinporiges rotes Steinzeug nach Art der chinesischen Teekannen, das die dortigen Töpfer nachmachten.

Es wird erzählt, daß John Astbury, der später einer der berühmtesten Töpfer des frühen 18. Jahrhunderts wurde, bei den Elers Anstellung fand und – indem er den Dummkopf spielte – sehr viel von ihnen lernte. Spionagen dieser Art waren in den Manufakturen in jener Zeit an der Tagesordnung. Später benutzte Astbury weißen Ton von der Westküste, fügte Quarz hinzu und erhielt ein feines weißes Steinzeug, das er mit Salz glasierte. Es wurde zu Gebrauchsgeschirr und Figuren verarbeitet und läßt sich an seiner etwas rauhen, an Orangenschalen erinnernder Oberfläche gut von Bleiglasur-Geschirr unterscheiden. **85**

Josiah Wedgwood entwickelte aus seinem Steingut die besonders hochwertige Basaltware (Ägyptisches Porzellan). Sie war schwarz und wurde ab 1766 ebenso wie Steingut zu Teegeschirr, ähnlich den klassischen Silberformen, wie zu Medaillons und Büsten verarbeitet. **87** Basaltware hat keine Glasur, ist aber manchmal mit einem metallischen Glanz gefleckt, um die Ähnlichkeit mit Bronze zu erhöhen. Vasen wurden mit Lackfarben bemalt. Die Jasperware, mit der Wedgwood weltberühmt wurde, ist ebenfalls eine

85

86

Art unglasiertes Steingut. **90** Auf einem matten Grund von verschiedenen Schattierungen in Blau, Lavendel, Grün und Schwarz stehen klassische Figuren in weißem Relief. Zu Beginn der Entwicklung 1775 war der Hintergrund noch durchgefärbt, ab 1780 wurden die Farben oft nur auf die Oberfläche aufgetragen (Jasper-Dip).

Hartporzellan wurde um 1805 zuerst in Staffordshire als billigere Konkurrenz zu Porzellan hergestellt. Mason ließ sich 1813 in Lane Delph dieses Material unter dem Namen »Ironstone China« patentieren. Eßgeschirr, Krüge mit Schlangenhenkeln und andere Gegenstände werden unter dieser Marke noch heute gefertigt. **91** Trotz des Patentes wurde dieses Hartporzellan noch in anderen Manufakturen produziert, auch in Amerika. Duche in Savannah soll schon 1740 ähnliches Material verarbeitet haben, in Mengen wurde es in Amerika aber erst zwischen 1850 und 1900 hergestellt. Es hieß »Opakporzellan« oder »Flintporzellan«. Das Material ist stets das gleiche, und die Glasur enthält immer Blei.

Cremeware

Cremeware ist ein verbessertes Steingut, sehr leicht, mit hellem Scherben und einer cremefarbigen Bleiglasur. Sie wurde Mitte des 18. Jahrhunderts in Staffordshire entwickelt. Ab 1760 waren diese Erzeugnisse eine ernsthafte Konkurrenz für Porzellan und Fayence auf dem Kontinent, besonders in Frankreich. Wedgwood stellte eine Version her, die unter der Bezeichnung »Quenn's Ware« bekannt wurde. Leeds machte sich einen Namen mit seinen fein modellierten Vasen, Krügen und anderen Gebrauchsgegenständen. Cremeware blieb oft ohne Dekor, wurde aber ebenso gern mit Lackfarben bemalt.

Besonders reichlich wurde Cremeware in Amerika ab

87

1770 produziert, zunächst in Charlestown und kurz darauf in Salem. Eine Reihe von Manufakturen entstand in Philadelphia, New York, Pittsburgh, Louisville und Kentucky, wo zwischen 1830 und 38 die letzte echte Cremeware hergestellt wurde. Den endgültigen letzten Versuch unternahm die Shaker-Kolonie in Amana, die zwischen 1850 und 90 noch einige recht plumpe Stücke produzierte.

Tongeschirr

Seit etwa 1625 formten die amerikanischen Siedler in Jamestown einfaches Geschirr aus einfachem roten Ton: Kannen, Milchtöpfe, Schüsseln, Krüge und Teller. Der Ton in Neuengland schien für diese bäuerlichen Töpferarbeiten ideal zu sein. Das Gebrauchsgeschirr ist oft mit fröhlichen Farben verziert und wurde bis lange nach den Unabhängigkeitskriegen, als das englische Verbot der amerikanischen Manufakturen wieder aufgehoben war, hergestellt. Mit Sicherheit fertigten die Zoariten, eine religiöse Sekte im Mittelwesten, bis 1840 Suppenschalen, Kannen und Waschgeschirr für die Farmer in Ohio an.

Überdruck-Verfahren

Es gab viele Dekortechniken. In Battersea in London wurde 1753 eine Methode entwickelt, die revolutionierend wirkte und bald Verbreitung fand. Das Muster wurde in eine Kupferplatte graviert, mit Farbe eingestrichen, auf ein Stück Stoff gedruckt und noch naß mit dem Stoff auf das zu dekorierende Gefäß übertragen. Die ersten Überdrucke wurden in Schwarz auf die Glasur, wenig später in Blau unter der Glasur ausgeführt. Diese Methode wurde vorzugsweise bei bleiglasiertem Steingut mit dem als Motiv immer wiederkehrenden chinesischen Weidelandschaftsdekor angewendet.

85 *Zwei Bärenkrüge mit Salzglasur, etwa 1740.*

86 *Zebra und Schlange, etwa 1860. Die Manufakturen in Staffordshire stellten Figuren von phantasievollen Tierkämpfen her, die außerhalb von Tiergärten verkauft wurden.*

87 *Teekanne aus Spode-Basaltware mit eingepreßter Marke, um 1780 oder 90.*

88 *Majolika-Teller, Deruta um 1620–30.*

88

89 *Wedgwood Pegasus-Vase.*

90 *Wedgwood Jaspisplaketten, weiß mit blau oder lila.*

91 *Teile eines frühen Dessert-Services von Mason, mit typischen japanischen Dekors, um 1815–20.*

92 *Ein ungewöhnliches Hundepaar, Staffordshire, um 1860.*

93 *Martinware, grotesker Löffelwärmer.*

94 *Figuren aus Martinware, dienten als Tabaksdosen.*

91

92

94

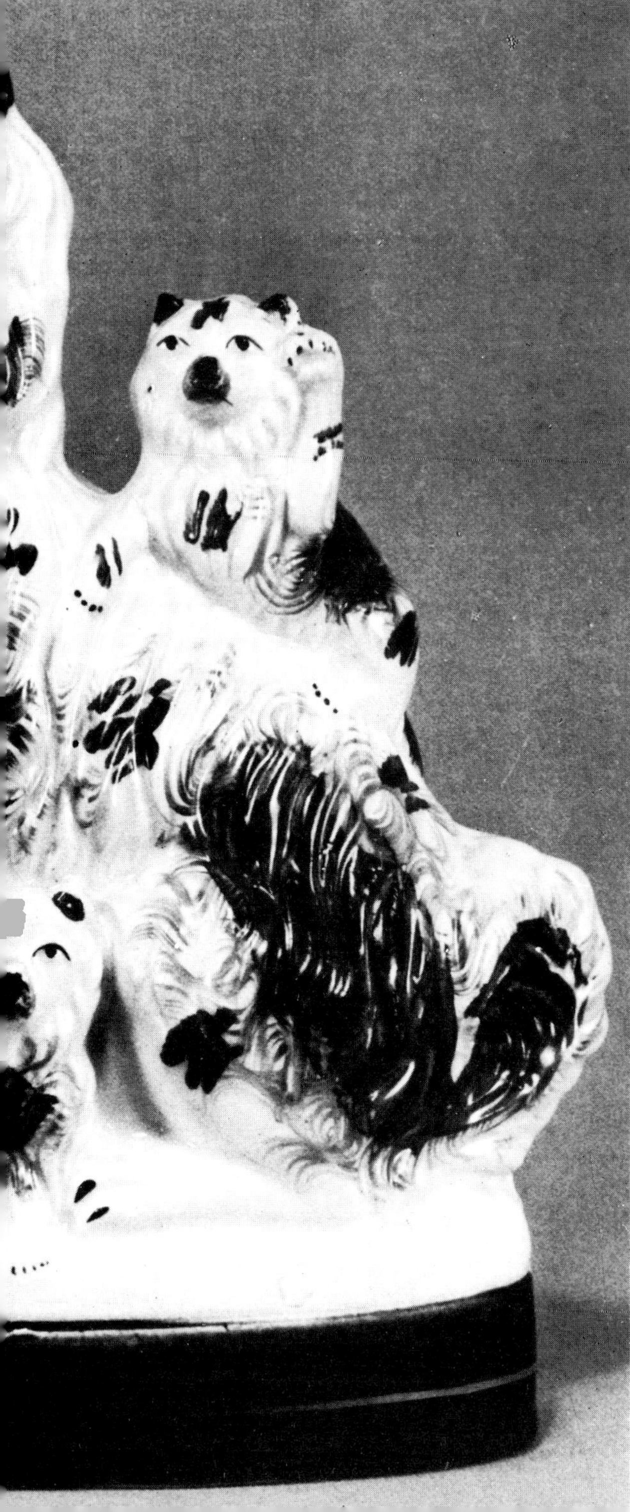

Viktorianische Töpferei

Als im 19. Jahrhundert die Industrialisierung der Töpferei in Staffordshire weiter fortschritt, wurde die Handarbeit von der Massenproduktion verdrängt. **92** Die gegossenen Figuren aus der Mitte des Jahrhunderts, die häufig berühmte Persönlichkeiten darstellten, zeigen den Abstieg seit der Kunst eines Astbury, Whieldon, Walton oder der Familie Wood. Diese sogenannten Staffordshire-Figuren sind trotzdem heute gesuchte Objekte. Doulton nahm die Produktion von salzglasiertem Steingut wieder auf, und einer der Modelleure, Martin, formte zusammen mit seinen Brüdern Vasen zu grotesken Tieren. **94** William Morgan aus der Gruppe um William Morris stellte in seinem Garten in Chelsea in London einen Brennofen auf. Die Erzeugnisse, die er nach einem lange vergessenen und von ihm wiederentdeckten Rezept mit einer leuchtenden bunten Glasur versah, wurden sehr bald begehrte Artikel.

Mitte des 19. Jahrhunderts wurde es Mode, aus Freude am Hobby zu töpfern oder Steinzeug zu bemalen. Unzählige Amateure haben die verschiedensten Keramik-Gegenstände hergestellt, und so mancher konnte sich mit der Bemalung seinen Lebensunterhalt verdienen.

Porzellan

95

95 *Teller aus Hartporzellan, mit Emailfarben der »famille verte« bemalt. Auf dem Rand Geburtstagsglückwünsche, vermutlich für den Kaiser. China, Regierungszeit Kang Hsi (1662–1722).*

96 *Teller aus Weichporzellan, mit Muffelfarben bemalt, nach einem Stich der Plantae Selectae von Dr. Christopher James Trew, veröffentlicht zwischen 1755 und 73. England, Chelsea um 1755.*

96

97 *Teekanne aus Hartporzellan mit Emailfarben und Golddekor. Marke: KPM und gekreuzte Schwerter in Unterglasurblau und »55« in Gold. Meissen um 1724.*

97

98 *Tasse und Untertasse aus Hartporzellan, in Emailfarben mit europäischem Dekor bemalt. China, Mitte 18. Jahrhundert.*

99 *Löwe aus Hartporzellan mit Emailfarben. Kakiemon-Stil. Japan, Arita in der Provinz Hinzen, Ende 17. Jahrhundert.*

100 *Figur des Pantalon aus der Comedia Dell'Arte. Hartporzellan mit Muffelfarben. Modell von Franz Anton Bustelli, Nymphenburg um 1760.*

99

Chinesisches Porzellan

Obwohl chinesische Töpfer bereits seit der Han Dynastie (206 v. Chr.–220 n. Chr.) mit der Verarbeitung von Porzellanerde vertraut waren, reichten ihre Kenntnisse erst unter der T'ang Dynastie (um 850 n. Chr.) aus, einen Scherben herzustellen, der sowohl weiß als auch durchscheinend war. Erst unter der Sung Dynastie (960–1279 n. Chr.) entstanden die schönsten chinesischen Erzeugnisse. Ting Ware aus dem Nordosten Chinas ist gewölbt und hat eine elfenbeinfarbige Glasur. Zwei andere kurz nach der Sung Dynastie entstandene Porzellanarten sind das Lung-ch'uan und das Ching-pai Porzellan. Das erste trägt über einem fast weißen Scherben eine blau-grüne Glasur, die das eingeritzte oder gebuckelte Dekor sehr gut durchscheinen läßt. Aus dem zweiten wurden in der Provinz Kiangsi, die später das Zentrum chinesischer Porzellanmanufakturen wurde, sorgfältig geformte Gegenstände angefertigt. Sie sind an der blaßblauen Glasur und dem Blumen- und Blattdekor zu erkennen.

Ming Dynastie

Nach 1279, als die Sung Dynastie von den Mongolen abgesetzt worden war, wechselte die Mode. Unter der gesamten Herrschaft der Ming Dynastie (1368–1644) konzentrierten sich die Porzellanhersteller mehr auf das gemalte Dekor als auf die Form. Sie erzielten mit ihrem Unterglasurblau, das sie direkt auf das unglasierte Material auftrugen, große Erfolge.

Schalen mit gelbem Grund wurden unter Kaiser Chêng Te (1506–21 n. Chr.) angefertigt, als die Überglasur-Dekoration mit Emailfarben und gefärbtem Glas ihre Vollendung gefunden hatte.

Ch'ing oder Manchu Dynastie

Das blühende Zentrum von Ching-tê-Chê erreichte unter Kaiser K'ang Hsi (1662–1722) seinen Höhepunkt. Es produzierte außer den zahlreichen Waren für den höfischen Gebrauch noch große Mengen Porzellan für den europäischen Markt. Der Teller auf Abbildung **95** ist von besonderer Schönheit und vermutlich zu Ehren des kaiserlichen Geburtstags am Ende seiner Regierungszeit angefertigt worden. Sein Dekor ist typischer für die Herrschaftszeit des nächsten Kaisers, Yung Chêng (1723–35).

Unter K'ang Hsi erfreuten sich Motive der »famille verte« größter Beliebtheit. Sie waren in allen Schattierungen von Kupfergrün gemalt. Die Emailfarben wurden direkt auf den Porzellankörper aufgetragen, selten auf die Glasur. Die Vase auf Abbildung 2 hat einen schwarzen Hintergrund und ist der »famille noire« zuzuordnen. Später unter der Herrschaft von Ch'ien Lung (1726–95) entstand mit dem Gebrauch von rosa Emaille die »famille rose«, mit der vorzugsweise der europäische Markt beliefert wurde. Einige ihrer Stücke waren mit Wappenschildern verziert; gegen Mitte des 18. Jahrhunderts kopierte man malerische Szenen von französischen Drucken und Zeichnungen. **98** Die meisten Emaildekorationen entstanden in Kanton, wo

100

von Blumen in Zinnoberrot und anderen Farben reich bemalt und vergoldet waren. Nach dem Exporthafen wurde es »Imariporzellan« genannt.

Einige der schönsten japanischen Porzellanteile sind im »Kakiemon«-Stil dekoriert. Er heißt nach der Familie Kakiemon in Arita, die Mitte des 17. Jahrhunderts Emailmalereien in weichem Rot, Grünblau, Türkis, Gelb und gelegentlich Unterglasurblau ausführte. **99**

Völlig anders sind die Porzellane von Kutani um 1660. Die Bemalungen sind kraftvoll und fröhlich in kräftigem Grün, Blau, dunklem Gelb, tiefem Purpur und dunklem, undurchsichtigem Rot. Spätere Kutani-Erzeugnisse sind nahezu ganz mit diesen Farben überzogen. Prinz Nabeshima richtete um 1660 eine Manufaktur in der Nähe von Arita ein. Das sanfte Blau liegt unter einer weichen rißfreien Glasur, das in Emailfarben ausgeführte Blüten- und Blatt-

sich auch der Handel konzentrierte. Die chinesischen Maler hatten große Schwierigkeiten, europäische Gesichter zu zeichnen. So haben alle Figuren, welcher Nation sie auch immer sein sollten, östliche Charakterzüge. Mitte des 18. Jahrhunderts waren in England besonders Punschgefäße mit Schiffsdarstellungen oder Jagdhunden gefragt. Sie erzielen heute sehr hohe Preise.

Japanisches Porzellan

Die japanischen Manufakturen scheinen vor Beginn des 17. Jahrhunderts nur sehr wenig echtes Porzellan hervorgebracht zu haben. Um diese Zeit entdeckten sie erst in Hizen die notwendigen Grundstoffe und produzierten von da an Waren mit einem rötlichen Unterglasurblau auf grauem Scherben. Spätere Erzeugnisse waren die in Europa so beliebten großen Schalen und Satzvasen, die mit einer Flut

werk zeigt geometrische Genauigkeit. Das für Prinz Hirado (um 1712) angefertigte Porzellan hat einen reinweißen Scherben, auf den sanftblaue, violettgetönte Landschaften mit Figuren gezeichnet sind.

DEUTSCHLAND

Meissen

Als August der Starke, König von Polen, 1694 Kurfürst von Sachsen wurde, ließ er seinen wirtschaftlichen Berater von Tschirnhaus umfangreiche geologische Forschungen anstellen, in der Hoffnung, Rohstoffe für die Herstellung von feinem Glas und Porzellan nach chinesischem Vorbild zu finden.

Johann Friedrich Böttger, ein junger Alchimist, der behauptet hatte, künstlich Gold herstellen zu können, kam

101 *Figurengruppe, Weichporzellan mit Muffelfarben. Capodimonte, Italien um 1750.*

102 *Waschgarnitur, Weichporzellan mit Muffelfarben. Marke: verschlungene »L« mit eingeschlossenem »K«, dem Buchstaben für das Jahr 1763, ebenfalls verschlungene »S« in Blau als Zeichen des Malers Catrice. Möglicherweise gehörte die »gelbe Kanne mit den einfarbigen Kindern« dem Herzog von Orléans.*

103 *Figur aus weißglasiertem Hartporzellan. Du Paquier, Wien um 1720*

1704 unter die Aufsicht von Tschirnhaus. 1707 gelang beiden die Erfindung eines harten roten Steinzeuges, und in den folgenden Jahren produzierte man in Meissen das erste weiße Porzellan. 1709 fand Böttger die endgültig richtige Mischung der Grundstoffe für ein Porzellan, das noch weißer als das chinesische war. Das erste europäische Hartporzellan wurde produziert.

Ab 1720 bemalte der aus Wien kommende Maler Johann Gregor Höroldt die Porzellane mit Kopien von chinesischen Vorbildern, die August später so sehr liebte. **97** Unter Hörold nahm Meissen seinen Aufschwung, und die gekreuzten Schwerter, die 1723 als Manufakturzeichen eingeführt wurden, erlangten Weltruhm.

1727 wurde der Dresdener Bildhauer Johann Gottlieb Kirchner eingestellt, um große Tiere und Vasen zu modellieren. 1733 ersetzte ihn aber der vom Grafen Brühl favorisierte Johann Joachim Kändler. Der Künstler entwarf Geschirrformen mit Relief-Dekorationen und Figuren-Plastiken, zum Beispiel das für den Grafen Brühl angefertigte Schwanen-Service, das 2200 Teile umfaßte und mit Schwänen, Meeresgöttern, Nymphen und Muscheln verziert war. Berühmter ist Kändler allerdings für seine kleinen Figuren im Stil der italienischen Comedia del Arte, deren bekannteste wohl Harlekin und Pantalon sind.

Jahrelang genoß Meissen in Europa eine Monopolstellung für die Fabrikation von Hartporzellan. Es wurde aber zunehmend schwieriger, die Produktionsgeheimnisse zu wahren. Viele Konkurrenzmanufakturen wurden gegründet, unter ihnen Höchst, Nymphenburg und Frankenthal. **100** Während des Siebenjährigen Krieges, als die Manufaktur von den Truppen Friedrichs des Großen besetzt worden war, verlor Meissen endgültig seine bestimmende Stellung in der europäischen Porzellanfabrikation. Zu dieser Zeit wurde das Mittelstück zu dem großen Eßgeschirr für den Grafen Möllendorf angefertigt. **104**

WIEN

In Wien hatte du Paquier seit 1717 versucht, Hartporzellan zu produzieren; aber erst, als er den Fachmann Stölzel aus Meissen zu sich geholt hatte, stellte sich der Erfolg ein. Seine ersten Stücke hatten oft einen bläulich-grauen Scherben und eine leicht rauchfarbige Glasur. Figuren waren in Wien sehr selten. Während der Zeit du Paquiers wurden hauptsächlich Tafelgeschirre mit stark barocken Formen und mit Dekorationen aus Voluten, Palmetten und Gittervergoldungen hergestellt. **103** Von 1744–84 lief die ehemals private Manufaktur unter staatlicher Führung und richtete

104 *Tafelaufsatz, Meissen 1761. Hartporzellan mit Muffelfarben und Vergoldung. Silen auf dem Esel und die Satyrfiguren wurden von Johann Joachim Kändler geschaffen. Das dazugehörige große Service wurde auf Geheiß Friedrichs des Großen für den preußischen General von Möllendorf angefertigt.*

105 *Teekanne aus Hartporzellan mit Druck und Schablonenzeichnungen in Unterglasurblau. Doccia um 1740–50.*

105

104

sich in ihrer Produktion stark nach Meissener Vorbildern. Die Figuren, Schäfer, Verkäufer, Diener und Musikanten, tragen die 1744 eingeführte Marke, den Bindenschild. Ab 1784, unter der Leitung von Sörgel von Sorgenthal, bemühten sich die Wiener Künstler, Formen der klassischen Antike wieder aufzugreifen, neigten aber zum Überladen des Dekors. Die Manufaktur schloß 1866, das Manufakturzeichen wurde von anderen weiterbenutzt.

ITALIEN

Florenz

Das erste Land Europas, das mit chinesischem Porzellan bekannt wurde, war zweifellos Italien. Dort nahm man auch die ersten Imitationsversuche vor. Die früheste Manufaktur für Weichporzellan wurde von dem Großherzog Franz I. von Medici 1575 in den Boboli-Gärten bei Florenz gegründet. Sie bestand bis zu seinem Tode 1587 und scheint nur den Bedarf der Familie gedeckt zu haben. Ein kommerzielles Unternehmen war sie nicht.

Die 1735 von Carlo Ginori in Doccia bei Florenz gegründete Manufaktur existiert heute noch. Ein typisches Produkt damaliger Tage ist die Teekanne in Abbildung **105**. Sie besteht aus hartem und im Verhältnis zu dem heutigen Meissener Porzellan grauen Material. Die barocke Tülle und der hochgewölbte Deckel finden sich häufig bei den frühen Erzeugnissen. Durch Überhitzung entstand die orangenschalenartige Glasur, die sonst nur bei der Salzglasur zu finden ist.

Zwischen 1770 und 90 wurde der graue Scherben oft mit einer weißen und undurchsichtigen Glasur bedeckt, der man Zinnoxyde beimengte und die sonst mehr auf Steingut gebräuchlich ist. In Doccia entstanden auch die bacchantischen Szenen in Flachrelief, die im ausgehenden 19. Jahrhundert in Deutschland kopiert wurden. Sie waren fälschlich mit einem gekrönten N gezeichnet.

Neapel

Die Manufaktur Capodimonte wurde 1743 von Karl III. nahe Neapel gegründet. Sie blieb dort bis zu ihrer Übersiedlung nach Buen Retiro bei Madrid 1759, wo sie bis 1800 weiterbestand. Ihre Marke bestand aus einer Bourbonnenlilie, geprägt oder in Unterglasurblau. Das gekrönte N wurde erst von der 1771 in Neapel neugegründeten Königlichen Manufaktur geführt. Die schönsten Porzellanstücke von Capodimonte sind die Figuren, die Gricci modellierte; Liebende, Comedia del Arte Figuren, Fischer und religiöse Szenen. **101**

106 *Musikant, Weichporzellan mit Muffelfarben. Marke: Großes »A« in Unterglasurblau und Anker mit Dolch in Rot. England, Bow um 1765.*

107 *Teller aus Knochenporzellan mit Emailfarben und Golddekor. Musterteller für ein Service für Wilhelm IV mit seinem Wappen in der Mitte. Marke: Greif, Helmbusch des Grafen Fitzwilliam und »Royal Rock« in Karmesinrot. Swinton, England um 1830.*

108 *Blumenübertopf in Weichporzellan, mit opaker Zinnglasur und Emailmalerei im Kakiemon-Stil. Marke: Jagdhorn, rot. Chantilly, Frankreich um 1725–50.*

108

107

109 *Venus und Apid, Weichporzellan. Nach einem Modell von Falconet. Sèvres, Frankreich um 1765.*

FRANKREICH

Saint-Cloud

In Saint-Cloud experimentierte Pierre Chicaneau mit der Herstellung von Weichporzellan. Seine Familie verbesserte seine Ergebnisse, bis sie 1693 in der Lage waren, ein Material vorzuweisen, das dem chinesischen gleichkam. Ihre Erzeugnisse waren selten groß und schwerfällig geformt; die Qualität gestattete es den Pariser Händlern, sie mit Goldbronzierungen noch wertvoller zu gestalten. Die Fabrik wurde 1766 liquidiert.

Chantilly

Ciquaire Cirou errichtete 1725 hier eine Manufaktur für Weichporzellan unter dem Patronat des Prinzen von Condé, einem Liebhaber japanischen Porzellans in Kakiemon-Stil (siehe Japan). Einige der schönsten Produkte aus Chantilly zwischen 1725 und 40 waren reine Imitationen. Diese Art von Dekor erforderte ein weißeres Porzellan als das bis dahin verfügbare, so daß man der Glasur Zinnoxyd beimischte, um den cremefarbenen Scherben zu verdecken. **108** Dieser Stil wurde ab 1750 durch naturalistische Blumenmalereien auf Glasur nach Meissener Art ersetzt. Später verlangte die Mode blaues Dekor in Unterglasur oder Muffelfarben mit dem beliebten Chantilly-Zweig. Die Manufaktur schloß 1800, aber andere Fabriken am Ort führten die ursprüngliche Marke, das Jagdhorn, in Verbindung mit den Initialen der Besitzer weiter.

Mennecy

Einige der schönsten Weichporzellane, die jemals hergestellt wurden, kamen ab 1734 aus Mennecy. Der Scherben ist milchig weiß, die Glasur feucht schimmernd. Die Farben, ein Rosarot, Hellblau und Braungrün, scheinen in die Glasur einzusinken. Besonders hübsch sind die Kindergruppen, die von Bouchers Zeichnungen beeinflußt sind. Die übliche Marke waren die Buchstaben DV (de Villeroy) in roter oder blauer Muffelfarbe oder eingeprägt. **110**

Vincennes Sèvres

Die Manufaktur wurde 1738 im Schloß von Vincennes gegründet und zog 1756 in ein neues Gebäude in Sèvres um. Obwohl der Anfang früher lag, stellte man erst ab 1749 gute Qualitäten in jeder Menge her. Wegen der hohen Produktionskosten hätte man die Fabrik wohl 1759 schließen müssen, wenn nicht Madame Pompadour König Ludwig XV. überredet hätte, die Manufaktur selbst zu übernehmen. Bis 1770 wurde in Sèvres nur Weichporzellan verarbeitet; aber ab 1772 mußte es dem echten Porzellan mehr und mehr weichen, bis man 1804 von dieser Herstellungsart wieder abließ.

Die Geschichte von Sèvres ist sehr gut festgehalten, einschließlich aller Daten, zu denen die verschiedenen Fondfarben eingeführt wurden; die Namen der Vergolder und Maler, ihre spezielle Dekorart und ihre Anstellungszeit sind aufgeschrieben worden. Seit 1750 führt die Manufaktur die königlichen gekreuzten L als Marke, der ab 1753 noch Jahresbuchstaben hinzugefügt wurden. Man begann mit A für 1753 und endete 1793 mit PP, als die Fabrik verstaatlicht wurde.

Räucherfiguren haben die frühe Fondfarbe himmelblau, die 1752 eingeführt wurde. Gelb folgte 1753, siehe Abbildung **102**, ab 1756 kam ein Erbsgrün und 1757 dann das berühmte Rose Pompadour. Die Echtheit von Sèvres-Porzellan kann oft an der Vergoldung geprüft werden, die bei Originalstücken aus dem 18. Jahrhundert ganz hervorragend ist.

Schon etwa 1753 bot ein Pariser Händler Figurengruppen in Biskuitporzellan an. **109** Die französischen Manufakturen waren die ersten, die ihre Figuren unglasiert und undekoriert ließen. Diese Art wurde später von der englischen Fabrik Derby übernommen. Die Firma Samson, 1845 in Paris gegründet, kopierte viele der Sèvres-Figuren, aber ihr Zeichen waren verschlungene S in Sternform. Samson kopierte die Produkte vieler Manufakturen; seine Werke werden heute gern gesammelt.

110 *Milchkrug mit Deckel, Weichporzellan mit Muffelfarben. Marke: »DV«, eingeritzt. Mennecy, Frankreich, Mitte 18. Jahrhundert.*

ENGLAND, WALES UND NORDIRLAND

Chelsea

In England wurde erst ab 1745 Porzellan hergestellt, nachdem der französische Silberschmied Nicolas Sprimont gemeinsam mit dem Juwelier Charles Gouyn in Chelsea bei London mit der Produktion von Weichporzellan begann. Chelsea durchlief fünf Perioden, von denen vier an den jeweiligen Marken erkennbar sind. Vieles ist ungezeichnet. Die erste, ein eingeritztes Dreieck, datiert von 1745–49, findet sich auf glasartigem Weichporzellan mit einer guten, klaren Glasur, die selten rissig ist. Viele Formen ähneln denen, die Sprimont vorher in Silber gearbeitet hatte, etwa kleinen Kännchen, Salznäpfen und Saucieren.

Von 1749–52 zeigte die Marke reliefförmig einen Anker in einem Oval. In dieser und der folgenden Periode mit dem roten Anker erscheint die Glasur durch eine geringe Zugabe von Zinnoxyd deutlich weißer. Die Muster waren selten Eigenschöpfungen, sie imitierten erst Meissen, später Sèvres. Die Hasenterrine **116** ist eine Kopie von Meissen und erinnert an die Liebe zur Natur an den deutschen Höfen.

Tafelgeschirr aus Chelsea läßt sich oft an drei kleinen Markierungen, unabhängig von den Zeichen, erkennen. Sie rühren von den Gestellen her, auf denen das Geschirr im Brennofen stand. Die sich am Fuß bildenden Glasurtränen wurden häufig weggeschliffen und hinterließen charakteristische Schleifrillen. Teller mit rotem Anker zeigen, gegen sehr helles Licht gehalten, winzige Monde, die durchscheinender sind als das übrige Porzellan.

In den Jahren 1758–70 markierte man den größten Teil der Produktion in Chelsea mit einem goldenen Anker. Man sieht ihn sehr häufig auf kontinentalen Reproduktionen von Chelsea-Porzellan. William Duesbury, dem bereits die Manufaktur in Derby gehörte, übernahm 1770 auch Chelsea. Bis 1784 betrieb er beide Fabriken nebeneinander, schloß Chelsea dann aber endgültig.

Bow

Die Porzellanmanufaktur von Bow lag in Essex, unmittelbar vor den Toren Londons. Obwohl schon 1744 Patente angemeldet wurden, scheint die Produktion von Weichporzellan erst 1747 kommerzielles Ausmaß angenommen zu haben.

In ihrer Blütezeit beschäftigte die Manufaktur von Bow etwa 300 Arbeiter hauptsächlich für blau-weiß bemalte Ware im chinesischen Stil. Ihre Figuren sind nicht so ausgearbeitet wie die aus Chelsea, besitzen aber einen eigenen Charme. **106** Technische Kenntnisse helfen bei der Identifizierung. Bei der Herstellung der Porzellanfiguren wurde in Chelsea die weiche und gewässerte Rohmasse in die Gipsformen gegossen, während man in Bow die festere Masse mit der Hand in die Formen preßte. Die Manufaktur wurde 1776 von William Duesbury aus Derby übernommen und geschlossen.

Derby

Vor der Gründung der Manufaktur in Derby 1756 durch William Duesbury hatte André Planché einige interessante und seltene Stücke angefertigt. Sie sind den frühen Erzeugnissen der Manufaktur Duesbury überlegen, die ihre Figuren, weniger die Vasen, stark an Meissener Vorbilder anlehnte. **114**

Die Manufaktur übernahm erst 1782 die Krone mit den gekreuzten Stäben und dem D als reguläre Marke. Während der Chelsea-Derby Zeit wurde Tafelgeschirr auch mit einem Anker und dem D nebeneinander oder als Monogramm markiert. Doch diese Zeichen verwendete man nicht regelmäßig. Die Schale in Abbildung **115** ist trotz ihrer Entstehung im Jahr 1779 noch mit dem einfachen Goldanker von Chelsea markiert.

Derby stellte viele gute Maler an. Einer der besten war Zacharias Boreman, der sich auf Landschaftsmalereien der Umgebung spezialisierte. **112** 1811 übernahm Robert Bloor die Fabrik und griff die Imari-Muster mit Vergoldungen auf einer leicht brüchigen Glasur wieder auf. Die Manufaktur

111

wurde 1848 aufgelöst. Die heute bestehende Königliche Manufaktur ist eine Neugründung aus dem Jahre 1876.

Worcester

Die Porzellanfabrik in Worcester wurde Mitte des 18. Jahrhunderts gegründet und arbeitet noch heute. Nach einer Fusion übernahm sie 1751 die Fabrik von Lund und Miller in Bristol, die von 1748–52 gutes Weichporzellan produziert hatte. Neuere Forschungen haben ergeben, daß es sehr schwer ist, die unmarkierten Stücke von Lund aus Bristol und die frühen Stücke von Worcester zu unterscheiden.

Worcester stellte im allgemeinen ein qualitativ hochwertiges Porzellan her, das plötzlichen Temperaturschwankungen widerstand, ohne zu zerspringen. Außer ein paar Figuren in den 70er Jahren umfaßte die Produktion im 18. Jahrhundert Tafelgeschirr und dekorative Vasen, von denen einige nur ein Dekor in Unterglasurblau trugen. Ab 1765 wurden die Farben ähnlich wie in Chelsea zur Zeit der Goldankermarke verwendet. Man malte viel exotische Vögel in weißen Feldern vor einem blauen, gelben, rosa oder grünen Fond. Die Erzeugnisse des 19. Jahrhunderts waren reich dekoriert und sind heute gesuchte Stücke.

Caughley

Thomas Turner erwarb seine Kenntnisse der Porzellanherstellung während seiner Anstellungszeit in Worcester. 1772 begann er in Caughley eine eigene Produktion, die der von Worcester sehr glich. Er sandte viele seiner Stücke in das Atelier Chamberlain nach Worcester, wo sie mit exotischen Vögeln bemalt wurden. 1799 übernahm John Rose aus Coalport die Manufaktur. Er stellte Hartporzellan her, von dem man bis vor kurzem dachte, es stamme aus New Hall in Staffordshire.

112

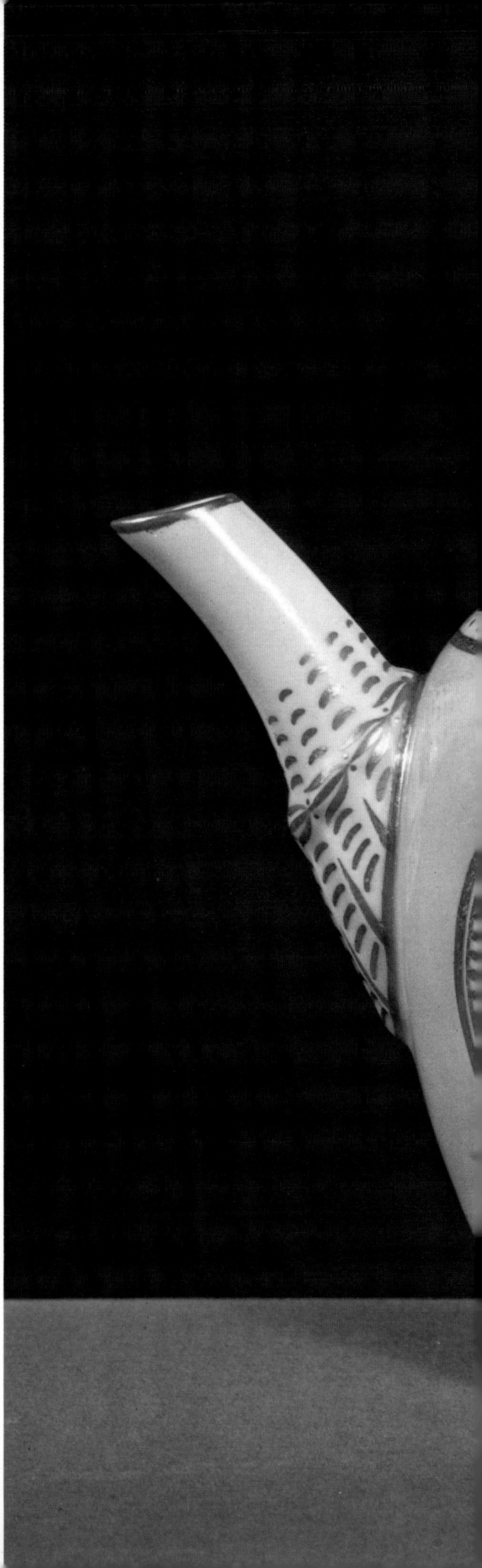

111 *Teekanne aus Hartporzellan mit Reliefdekor und glänzender Glasur. Belleck, Irland um 1865.*

112 *Teekanne aus Weichporzellan mit Landschaftsmalerei in Muffelfarben und Gold. Marke: »D« unter einer Krone mit gekreuzten Stäben und sechs blauen Punkten in blauem Email. Derby, England um 1790.*

113

113 *Teewärmer aus Hartporzellan mit Muffelfarben. Philadelphia, Amerika 1832–37.*

114 *Vase aus Weichporzellan mit Muffelfarben. Derby, England um 1755–56.*

115 *Punsch-Schale. Weichporzellan mit Muffelfarben und Gold. Innen das Wappen der Küfer-Gesellschaft von London. Marke: Anker in Gold. Derby, England, datiert 1779.*

116 *Deckelterrine aus Weichporzellan, mit natürlichen Farben bemalt. Marke: In der Terrine ein Anker, in Terrine und Deckel »No. 1« in Rot. Chelsea, England um 1755.*

114

115

Plymouth, Bristol und New Hall

Das Geheimnis des Hartporzellans, das in England so schnell gelüftet worden war, wurde völlig unabhängig davon im Jahre 1768 von William Cookworthy in Plymouth entdeckt. Er zog 1770 nach Bristol, wo die Produktion bis 1781 fortgesetzt wurde. Dann kaufte eine Gruppe von Porzellanherstellern das Patent und gründete die Manufaktur New Hall. Die ersten Erzeugnisse aus Plymouth wiesen häufig technische Mängel auf, aber unter Richard Champion, der die Fabrik in Bristol 1773 übernahm, trat eine Verbesserung ein. Tischgeschirre und Vasen waren hervorragend im Stil von Sèvres gearbeitet. Figuren, wie zum Beispiel die Vier Jahreszeiten, haben oft einen unregelmäßigen Fuß.

Das Hartporzellan aus New Hall ist anders und scheint eine weichere Glasur als die in Plymouth und Bristol ursprünglich übliche zu haben. Von 1812 bis zu ihrer Schließung im Jahre 1835 ging die Manufaktur zur Produktion von Knochenporzellan über.

Spode

Josiah Spode gelang 1794 in Stoke-on Trent in der Grafschaft Staffordshire eine Mischung für einen typisch englischen Kompromiß zwischen Hart- und Weichporzellan. Dieses aufgrund seines hohen Gehaltes an Knochenasche als Knochenporzellan bekanntgewordene Produkt wurde wegweisend. Die Fabrik war außerordentlich erfolgreich. Sie stellte nützliche und dekorative Geschirre aller Art her, mit schlichtem Blau-Weiß-Dekor oder mit ausgeklügelten Mustern wie dem berühmten »1166« mit reichen Vergoldungen.

Nach Spodes Tod ging die Firma an Copeland und Garrett (1833–47) über. W. T. Copeland und Söhne führen sie bis auf den heutigen Tag. Sie sollen die ersten gewesen sein, die »Parianware« herstellten, mit weißem Scherben wie Biskuitporzellan, aber mit einem Marmorschimmer. Es wurde für Statuen und Büsten verwendet. Ähnliches Material wurde in Amerika hergestellt.

Coalport, Rockingham und Minton

Mitte des 19. Jahrhunderts stellten die Manufakturen Coalport in Shropshire und Rockingham in Yorkshire Porzellane nach der Mode des wiederauflebenden Rokoko her. **107** Rockingham zeichnete nicht ständig mit seiner Greifmarke, man weiß aber heute, daß nicht alle die Hütten oder Pudelfiguren mit zottigem Fell, die Rockingham zugeschrieben werden, aus dieser Manufaktur stammen. Rockingham schloß 1842 seine Pforten, unter dem Namen »Coalport« werden aber noch heute in Staffordshire Porzellanwaren dieser Manufaktur hergestellt.

Auch die Fabrik von Thomas Minton existiert heute noch. Seit ihrer Gründung 1793 waren ihre Produkte stets von hoher Qualität. Vor einigen Jahren gab die Geschäftsleitung alte Musterbücher für die Forschung frei. Dabei stellte sich heraus, daß einige Stücke, von denen man glaubte, sie stammten aus Staffordshire, in der Manufaktur Minton entstanden sind.

Belleek

Obwohl die Manufaktur erst 1860 gegründet wurde, sind Hartporzellane aus Belleek in Nordirland gesuchte Sammelobjekte. Das Porzellan hat einen Scherben wie die Parianware mit einem Perlmutterglanz. Die Maler standen hier stark unter dem Einfluß der Seenähe; sie nahmen sich Wasserpflanzen und Muscheln zur Vorlage für ihre Muster. **111**

116

AMERIKA

Die Porzellanherstellung wird in Amerika 1739 zum erstenmal erwähnt, sechs Jahre vor der Gründung der Manufaktur Chelsea in England. Aber dieses von Andrew Duché in Savannah produzierte Porzellan ist niemals sicher identifiziert worden. Das gleiche gilt für John Bartlam, einen bankrotten Töpfer aus England, der 1770 nach Süd-Carolina ging in der Hoffnung, dort echtes Porzellan herstellen zu können.

Bonnin und Morris

Die ersten Erfolge in dieser Richtung scheinen Gousse Bonnin und George Morris in der 1769 in Philadelphia gegründeten Fabrik gehabt zu haben. Sie behaupteten, ihre Erzeugnisse glichen denen der Manufaktur in Bow bei London. Die Stücke, die man heute Bonnin und Morris zuschreibt, sind aus dickem Weichporzellan mit Unterglasurblau-Dekor.

Das beste Beispiel ist ein Tischaufsatz aus vier muschelförmigen Schalen, sehr verwandt dem Stil von Bow. Zusammen mit einer Sauciere ist er im Museum von Brooklyn zu sehen. Beide sind mit einem kleinen »p« in Unterglasurblau markiert. Wegen finanzieller Schwierigkeiten mußte die Manufaktur 1772 schließen.

Tucker

Ebenfalls in Philadelphia produzierte William Ellis Tucker sein erstes Hartporzellan, für das er 1827, 1828 und 1831 Preise erhielt. Nach seinem Tode wurde die Firma von Judge Joseph Hemphill und Thomas Tucker weitergeführt. Sie schloß 1838.

Das Porzellan glich in Form und Dekor dem zeitgenössischen Porzellan aus Frankreich und bestand hauptsächlich aus Tafelgeschirr, Vasen und Krügen. Die Muffelfarbenbemalung aus Blumen und Landschaften war von ebenso hoher Qualität wie die romantischen Szenen in Sepia und Holzkohle. Viele Vasen, Krüge und Schalen wurden nur mit feinen Vergoldungen dekoriert, die manchmal Inschriften und Daten enthielten.

Bennigton

Die Manufaktur von Christopher W. Fenton produzierte ab 1847 Parianware ähnlich der von Copeland in England, darunter den berühmten Negersklaven von Hiram Powers. Ab 1851 wurde blau-weißes Porzellan und gelegentlich grün-weißes hergestellt. Die Marke USP erscheint auf Stücken aus den Jahren 1853 bis 1858, als die Manufaktur schloß. (USP = United States Porcelain).

Greenpoint

Dort wo heute Brooklyn ist, gab es zwei Manufakturen. Die eine gehörte Cartlidge und Co. (1848–56). Bei ihr arbeitete Josiah Jones als Modelleur. Er stellte Büsten berühmter Amerikaner, wie General Zachary Taylor und Daniel Webster, in unglasiertem Porzellan her. Die Manufaktur brachte auch Neuheiten heraus: Knöpfe, Schachfiguren und Kameen.

Die zweite Manufaktur der Gebrüder Boch begann 1850 mit der Produktion von Türgriffen und Tafelgeschirr aus Knochenporzellan. T. C. Smith benannte sie 1861 nach ihrer Übernahme in »Union Porcelain« um und begann 1864 mit der Herstellung von Hartporzellan. 1876 wurde die Manufakturmarke um einen Vogelkopf erweitert. Zu der Zeit modellierte Karl Müller Dichterköpfe für die Manufaktur.

Miniaturen und Scherenschnitte

117 *Obere Reihe von links nach rechts: Email-Miniatur einer Dame von C. F. Zincke, frühes 18. Jahrhundert; Mrs. Lowndes Stone von Richard Crosse, Ende 18. Jahrhundert; Email-Miniatur eines Herren von C. F. Zincke, frühes 18. Jahrhundert.*

Mitte: Offizier von Patrick McMorland, Ende 18. Jahrhundert; General Archibald Campbell von John Smart, signiert und datiert 1786; Offizier von Jeremiah Meyer, Ende 18. Jahrhundert.

Untere Reihe: Dame von Anrew Plimer, um 1800; Herr von Samuel Cooper, signiert, Mitte 17. Jahrhundert; Dame von Sampson Towgood Roch, signiert und datiert 1798.

118 *Dame von Andrew Plimer.*

119 *Sir Kenelm Digby von Peter Oliver.*

120 *Dame von George Engleheart.*

118

119

120

Englische Portraitminiaturen

Es ist zweifelhaft, ob vor der Thronbesteigung Heinrichs VIII. im Jahre 1509 in England Portraitminiaturen gemalt worden sind. Aus Liebe zu Kunst und Kultur holte Heinrich Künstler vom Kontinent nach England, unter ihnen 1526 auch Hans Holbein d. J. Es bestand auf dem Kontinent großes Interesse an der Entwicklung der Miniaturmalerei. Für die Engländer war es jedoch schwierig, die Techniken der ausländischen Künstler gründlich zu erforschen, abgesehen vielleicht von ein paar bruchstückhaften Berichten, Erzählungen und Verbindungen. Viel mehr weiß man über die Techniken der englischen Miniaturmalerei des 16. Jahrhunderts, erstens durch Untersuchungen noch vorhandener Miniaturen und zweitens, weil Hilliard, der Holbeins Techniken übernahm, eine Abhandlung über »Die Kunst der Portraitmalerei« schrieb.

Nicholas Hilliard (1547–1619) war der erste große in England geborene Miniaturmaler. Glücklicherweise sind eine ganze Anzahl seiner Werke erhalten, unter ihnen auch die seiner unbekannten Schüler, die ihm zugeschrieben wurden. Unter den direkten Nachfolgern Hilliards war sein Schüler Isaak Oliver, der gemeinsam mit seinem Sohn Peter Oliver das große Bindeglied zwischen dem 16. und 17. Jahrhundert bildete. Obwohl Oliver in Frankreich als Sohn eines Hugenotten geboren wurde, nahm er einen wichtigen Platz in der Entwicklung der englischen Miniaturmalerei ein.

Mit Ausnahme der Portraits in Ölfarbe, für die Kupfer als Bildträger diente, wurden bis ins 18. Jahrhundert Miniaturen in Wasserfarben auf Schreib- oder Zeichenpergament gemalt. Das sehr dünne Schreibpergament wurde auf ein Stück Karton, gewöhnlich eine Spielkarte, gezogen, das den nötigen Halt bot. War der Malgrund so vorbereitet, mußte der Künstler noch einige Mühe aufwenden, um die an sich recht groben Farben für seine Zwecke zuzubereiten. In diesem frühen Stadium der Miniaturmalerei erforderte die Vorbereitung noch ebensoviel Geschick wie die Ausführung des Bildes. Die Geschichte dieser Malereiform wird im 17. Jahrhundert, aus dem mehr Miniaturen erhalten sind, klarer. Ohne große Mühe ließe sich eine lange Liste von Künstlern aufstellen. Sie enthielte Namen wie John Hoskins, Samuel und Alexander Cooper, Thomas Flatman, Mary und Charles Beale und Lawrence Cross. Samuel Cooper (1609–1626) wird von vielen Sammlern für den größten Miniaturenmaler gehalten, der je gelebt hat. Er war mit Sicherheit ein Genie. Obwohl er die Miniaturmalerei bei seinem Onkel John Hoskins erlernt hatte, brach er vollständig mit der manierierten Malweise seiner Zeitgenossen. Im 18. und 19. Jahrhundert wurden die Farben für den Künstler schon in Pulverform hergestellt. Zusammen mit dem Elfenbein, das zunehmend häufiger als Malgrund benutzt wurde, lösten sich viele Probleme, mit denen der Maler vorher konfrontiert war.

Obwohl bereits im Jahre 1704 Elfenbein zum ersten Male benutzt wurde, dauerte es doch noch recht lange, bis es sich durchsetzte. Im Laufe des 18. Jahrhunderts ersetzte es dann nach und nach Pergament, Karton und Kupfer. Lawrence Cross, der bis zu seinem Tode 1724 malte, verwendete es allerdings überhaupt nicht. Zwischen 1700 und 1750 malten Boit, Zincke und Rouquet ihre Portraits in Emailfarben. Zwar hatten zur Zeit Karls I. bereits Petitot und Bordier dieses Material verarbeitet, es fand aber keine Verbreitung. Die schrittweise Verfeinerung von Geschmack und Eleganz spiegelte sich in der Kunst der Miniaturmaler. Um die Mitte des 18. Jahrhunderts schufen Künstler wie Gervase Spencer, Penelope Cardwardine, Samuel Cotes und Nathaniel Hone kleine Meisterwerke.

Bis dahin arbeiteten nahezu alle Miniaturisten in der Umgebung von London, aber nun wurden auch Dublin und Bath zu anerkannten Zentren. In Dublin arbeiteten viele Künstler, die einen eigenen Stil hatten. Werke von Samuel Collins, George Thinnery, John Commerford und Charles Robertson zeigen dies sehr deutlich. Gegen Ende des 18. Jahrhunderts etablierten sich in Liverpool ein paar kleinere Miniaturisten, darunter Thomas Hazlehurst, John und William Hazlitt, John Turmeau und Thomas Hargreaves.

Die Blütezeit der Miniaturmalerei reichte von 1765 bis 1810. Zu den zeitgenössischen Künstlern gehörten George Engleheart, Andrew Plimer, Richard Cosway und John Smart. **118** Cosway begann seine erfolgreiche Karriere im Alter von zwölf Jahren, als er den ersten Preis der Londoner Künstlergesellschaft errang. Smart, der erst elf Jahre alt war, bekam den zweiten Preis. Cosway baute sich einen sehr guten Kundenkreis auf und wurde deswegen häufig als »social Dandy« bezeichnet. Er war sicherlich ein in jeder Beziehung farbiger Charakter, dem es gelang, die Herzen sowohl des Adels als auch des Herrscherhauses zu erringen. **121** Auf Smart, der 1784 nach Indien ging, setzten ebenfalls viele gutsituierte Leute, besonders Gouverneure und Offiziere in Diensten der Ostindischen Handelskompanie. **117**

Die Arbeiten, die in den frühen Jahren des 19. Jahrhunderts entstanden, sind zwar recht gut, aber nicht sehr attraktiv. Für Männer wie Frauen war die Mode gleichermaßen plump und unkleidsam. Die Miniaturmaler

121 *Portrait eines Herrn von Richard Cosway.*

122 *Miniatur eines Mädchens von Freese.*

123 *Portrait einer Dame von Jeremiah Meyer.*

124 *Silhouette zweier Herren von August Edouart, signiert.*

121

122

verwendeten größere Elfenbeinplatten, und das Rechteck wurde bald von der ovalen Form abgelöst. Interieurs und Landschaften bildeten den Hintergrund, und obwohl sich unter den Malern so begabte Künstler wie William Charles Ross, J. C. D. Engleheart, Anthony Stewart und Alfred Chalon befanden, wurde ihre Arbeit durch die Erfindung der Fotografie im Jahre 1840 sehr schnell in den Schatten gestellt.

Amerikanische Silhouetten

Die Kunst der Silhouetten erlebte ihre Blüte auf dem Kontinent und in England gegen Ende des 18. und zu Beginn des 19. Jahrhunderts. Etwa um die gleiche Zeit wurden Silhouetten in Amerika sehr populär. Künstler, die auf der Suche nach Glück und Geld aus England in die Neue Welt kamen, brachten seltsame Maschinen mit, die die Umrisse aufzeichnen und das Profil in der gewünschten Größe reproduzieren konnten. Dadurch ließen sich die Portraits schnell und genau ausführen. Die kleinen schwarzen Portraits waren als Profil-Silhouette bekannt, bis der französische Scherenschneider August Edouart 1825 die Bezeichnung Silhouette einführte. Einer der ersten Künstler dieser Art in Amerika war Charles Wilson Peale. Er wurde im Jahre 1741 in Charlestown in Maryland geboren. Obwohl er nie Unterricht bekam, machte er einige sehr gute Arbeiten, die so viel Talent versprachen, daß Freunde ihm ein Studium bei Copley in Boston ermöglichten. Später in England setzte er seine Studien bei Benjamin West fort. Nach seiner Rückkehr in die amerikanische Heimat 1771 ließ er sich in Philadelphia nieder und machte die Profilkunst zu seinem Beruf.

Gegen Ende des 18. Jahrhunderts übernahmen viele

123

124

Künstler, unter ihnen Johanna Hale, William Bache, William Doyle, J. H. Whitcomb und Sauel Folwell, diese neue Art des Portraitierens. Etwas später tat sich ein anderer Künstler hervor – Master Hubbard, ein Engländer. Er hatte bereits als Kind angefangen, Profile zu schneiden. 1824 ging er im Alter von siebzehn Jahren nach Amerika und ließ sich in Philadelphia nieder. Dort nahm er Unterricht bei Sully und verbrachte den Rest seines Lebens als Portraitmaler. Er kam 1862 auf tragische Weise bei der Explosion von Munition, die er für die Konföderierte Armee füllte, ums Leben.

Der berühmteste Silhouettenkünstler in Amerika war August Edouart. Er wurde 1789 in Dünkirchen in Frankreich geboren. Edouart begann seine ereignisreiche Karriere mit neunzehn Jahren, als er die Verwaltung einer Porzellanfabrik übernahm. Er unterrichtete auch eine Zeitlang und stellte Wachsmodelle von Tieren her. Erst als seine Frau starb, begann er mit der Schere Silhouetten zu schneiden. Er gebrauchte schwarzes Papier, das er doppelt faltete. So hatte er ein genaues Duplikat seiner Arbeit, das er für sich behielt. Von Anfang an hatte er Erfolg und besuchte die Modeorte Bath, Oxford, Cheltenham, Liverpool und Edinburgh. Er verbrachte auch einige Zeit in Dublin und segelte dann nach Amerika, wohin er sein Material und sein Archiv mitnahm. Wieder wurde sein Talent sofort erkannt, und er besuchte Saratoga Springs, Boston, Philadelphia, Washington und New York. Unter den vielen berühmten Persönlichkeiten, die in seine Studios kamen, waren sechs Präsidenten und Ex-Präsidenten, Senatoren und Redner. **124**

Stiche, Radierungen und Lithografien

125 *Holzschnitt von Albrecht Dürer, Teil des Maximilianbogens.*

Die älteste Methode einen Kunstdruck herzustellen, war wahrscheinlich der Holzschnitt. Bei einem Holzschnitt kann man entweder die Zeichnung stehen lassen, so daß beim Druck ein schwarzes Bild entsteht, oder die Umgebung bleibt als Relief im Holz, so daß die Darstellung weiß bleibt. Da man beide Techniken auf dem gleichen Block anwenden kann, bieten sich dem Künstler reiche Möglichkeiten der Kontrastierung. Unter den Händen von Albrecht Dürer wurde der Holzschnitt zu einer beliebten künstlerischen Ausdrucksform, die jene phantastischen und leicht morbiden Werke der zeitgenössischen Künstler ermöglichte. Die Holzschnitte Lukas Cranachs, eines Zeitgenossen von Dürer, lassen sich mit seinen Werken nicht vergleichen. **125, 126**

Bei den Künstlern des 17. und 18. Jahrhunderts war der Kupferstich eine verbreitete Darstellungsform. Die Zeichnung wird mit einem vierkantigen, vorne abgeschrägten Stahl, dem Grabstichel, auf eine weiche Kupferplatte übertragen. Nach dem Aufstreichen der Druckfarbe wird Papier auf die Platte gepreßt und die Zeichnung erscheint auf dem Papier. Man kann von einer Platte viele Abzüge machen, aber da das Metall sich abnutzt, läßt die Qualität des Druckes nach. Folglich waren und bleiben auch heute noch die Abzüge von einem Kupferstich auf eine verhältnismäßig kleine Anzahl beschränkt, wenn auch die Metallherstellung und die Drucktechniken sich sehr verbessert haben. Mit unterschiedlich geformten Instrumenten lassen sich beim Stich verschiedene Töne und Schattierungen erzielen.

Bevor er sich einen Namen als Maler machte, war wohl Hogarth einer der bekanntesten Kupferstecher des 18. Jahrhunderts. Seine berühmte Serie über die Laster Londons fand großen Anklang. Von der ersten Auflage der Stiche »Harlots Progress« sollen 1000 Stück verkauft worden sein. **127**

Dem Kupferstich verwandt ist die Radierung, die besonders Rembrandt vollendet beherrschte. Die ganze Platte wird mit einem säurefesten Harz überzogen, in das man die Zeichnung eingräbt. Das mit der spitzen Radiernadel freigelegte Kupfer wird beim Übergießen mit Säure geätzt. Durch Wiederholen des Vorganges, Überziehen mit Harz, Zeichnen, Übergießen mit Säure, hat der Künstler mehr Möglichkeiten der Nuancierung als vorher. Ist die Platte fertiggestellt, wird in der gleichen Weise gedruckt wie beim Kupferstich.

Die beiden berühmtesten Meisterradierer waren wohl Rembrandt und Goya. **130, 131** Rembrandts Radierung »Christus heilt die Kranken« von 1649 wurde als das »Hundertguldenblatt« bekannt, da schon zu seinen Lebzeiten ein Druck dieses Blattes hundert Gulden kostete. Mit seiner vollendeten Technik konnte er Licht- und Schatteneffekte hervorrufen. Seine schönsten Radierungen sind Nachtszenen oder Darstellungen im Halbdunkel, zum Beispiel »Die Anbetung der Hirten« aus dem Jahre 1652. Goya schuf im Laufe seines Lebens vier Serien von Radierungen: »Los Carichios«, achtzig Blätter voll schwarzen Humors; »Los Desastros de la Guerra«, Die Schrecken des

126 *Holzschnitt von Lucas Cranach d. Ä., Antonius wird von den Dämonen heimgesucht.*

127 *Kupferstich von William Hogarth, Teil des »Rakes Progress«.*

Krieges, zweiundachtzig Anklagen gegen die Grausamkeit der Menschen; »La Tauromaquia« dreißig Verherrlichungen des Stierkampfes; »Los Proverbios«, die Sprichwörter, ein Zyklus ebenfalls voll schwarzen Humors und eine Analyse von achtzehn Verrücktheiten. Bei diesen Radierungen wendete Goya oft die Technik des Aquatinta an, bei der die nicht zu radierenden Flächen der Platte mit Asphalt- oder Harzstaub bestreut werden.

Eine Variante des Kupferstiches, die für die Entwicklung der Drucke im späten 18. und frühen 19. Jahrhundert besondere Bedeutung hat, ist die Schabkunst oder Mezzotinto. **128** Hierbei rauht der Kupferstecher die Oberfläche der Platte mit dem Granierstahl auf und glättet sie dann je nach Lichtstärke der Darstellung an der betreffenden Stelle mit dem Schaber ganz oder teilweise. Die Platte wird wie ein normaler Kupferstich gedruckt. Es entsteht ein Flächendruck mit äußerst malerischer Wirkung, der in seiner weichen Tönung laut Davenport »an den Flor von Samt« erinnert.

Eine weitere erwähnenswerte Drucktechnik ist die Lithografie. Dieses Flachdruckverfahren hat Alois Senefelder 1798 in München erfunden. Das Bild wird mit Fett-Kreiden und Fett-Tuschen auf Stein (Kalkschiefer) gemalt. Dann wird die Platte mit Säure überzogen. Die fetthaltige Druckfarbe haftet nur auf den mit Zeichnung versehenen Stellen. Der Druck entsteht durch Aufpressen des Papiers auf den Stein. Heute werden die Steine durch Zinkplatten ersetzt, die auf den meisten Anwendungs-

128

128 *Mezzotinto des William Innes in Golfuniform von Valentine Green.*

129 *Kupferstich, Punktierstich, »The Volunteer« von G. T. Stubbs.*

130 *Aquatinta »Los Caprichos« von Goya, Blatt 32.*

131 *Selbstbildnis von Rembrandt, Radierung.*

gebieten den gleichen Zweck erfüllen und außerdem viel leichter zu handhaben sind als die schweren Steinblöcke vergangener Zeiten.

Alle bisher erwähnten Drucke wurden in schwarzer oder einfarbiger Tusche auf weißem Papier ausgeführt, Früh schon in der Geschichte der Druckkunst begannen Künstler mit der Farbe zu experimentieren. Der erste erwähnte englische Farbdrucker war Elisha Kirkhall. Im Jahre 1724 druckte er ein zweifarbiges Seestück von einer einzigen Platte. Vier Jahre später schuf er fünfzig mehrfarbige Platten nach van Huysum für die Illustration des Blumenbuches »Historia Plantarum Rariorum« von John Martyn. Er kombinierte Radierung und Schabkunst in verschiedenen Farben, die dann mit der Hand nachkoloriert wurden. Der Schweizer Jacob Le Bon war ebenfalls ein Pionier auf dem Gebiet der Farbdruckkunst. Er arbeitete nach der gleichen Technik, die noch heute angewendet wird. Bereits im Jahre 1711 reproduzierte er ein Bild in mehreren Farben.

Alle diese Techniken wurden im 19. Jahrhundert besonders von George Baxter weiterentwickelt. Er kombinierte Mezzotinto und Holzschnitt zu Drucken mit fetthaltiger Tusche. Seine Reproduktionen aller Art von Bildern waren so preiswert, daß er annoncieren konnte: »Während ihre künstlerische Schönheit ihnen einen Platz in den königlichen Palästen ganz Europas sichern könnte, verschaffen ihnen ihre niedrigen Preise Zutritt zu den bescheidensten Hütten.«

In den Vereinigten Staaten von Amerika setzt die Geschichte der Druckkunst erst nach den Unabhängigkeitskriegen ein. Die wenigen vorher entstandenen Drucke kamen von Europa. Es gab natürlich Ausnahmen. Der berühmte Paul Revere stellte in einem handkolorierten Stich das »Massaker von Boston« von 1770 dar. Etwas

VOLUNTEER

129

130

131

132 Kolorierte Lithografie einer Dampferwettfahrt auf dem Mississippi von G. F. Fuller. New York 1859.

später, um die Zeit der Unabhängigkeitserklärung, schuf Edward Savage eine Portraitserie in Stahlstich und Mezzotinto von berühmten Persönlichkeiten, darunter Washington, Franklin und Adams.

Die frühesten Lithografien Amerikas waren zwei einfache Zeichnungen von Häusern in Pennsylvanien, die Bass Otis in den Jahren 1819 und 1820 anfertigte. Seine Technik wurde schnell von dem Maler Rembrandt Peale verbessert, der 1827 von der Franklin Institution die Silbermedaille für eine lithografische Reproduktion seines Ölportraits von Washington erhielt.

Wie in Europa eröffneten Künstler Werkstätten, in denen große Auflagen von Drucken für das breite Publikum angefertigt wurden. **132** Einer der erfolgreichsten dieser frühen Tage war Anthony Imbert mit seiner 1825 in New York eröffneten Werkstatt. Zu seinen späteren Publikationen gehörte eine Serie New Yorker Szenen des Architekten A. J. Davis, die »Niagarafälle« von Maraglia sowie eine Serie von Indianerzeichnungen des bekannten Catlin.

Die wohl bekanntesten Drucker in den Vereinigten Staaten waren Currier und Ives (Currier von 1823 bis 1857 und Ives im Anschluß daran bis 1901). Sie gaben Hunderte von Serien heraus, Drucke von Darstellungen des Zeitgeschehens, des Sports, Portraits und Landschaften. Besonders gefällig waren die New Yorker Landschaften von Frances Farmer – bemerkenswert ist ihr Druck einer »Gotischen Vorortvilla in Murray Hills« – und das von dem unbekannten E. Whitefield 1846 gezeichnete »Brooklyn vom United States Hotel«.

Ebenso wie die Engländer im 18. Jahrhundert nutzten die Amerikaner im 19. Jahrhundert die Druckkunst als politische Waffe zur Verbreitung politischer Kommentare. Die strenge Herrschaft und das schroffe Verhalten von Präsident Jackson ergaben hervorragende Druckthemen. Es entstanden der großartige Stich von J. B. Longacre nach dem Ölportrait General Jacksons von Sully wie auch einige geistreiche Radierungen von Edward Clay, darunter »Jackson reinigt seine Küche« (1831), die sich auf das »Küchenkabinett« bezieht, eine besonders verhaßte Clique, und »Die Ratten verlassen das einstürzende Haus«. Derselbe J. B. Longacre, der später Kupferstecher der US-Münze wurde, veröffentlichte daneben eine seriöse Mappe mit Stichen und Mezzotinten: Die »National Gallery of Distinguished Americans«.

Die Techniken des Farbdrucks, ähnlich denen von Baxter, brachen buchstäblich über Amerika herein. Max Rosenthal, der 1849 seine Druckpressen in Philadelphia aufstellte, veröffentlichte die erste Serie mit dem Titel »Wild Scenes and Wild Hunters«, Jagdszenen und Jäger. Danach erschienen überall Drucke, die so gut oder so schlecht waren wie Künstler und Drucker selbst. Die besten Künstler überwachten ihre Drucke wachsam mit eigenen Augen. So entstand die bemerkenswerte Serie des Malers Winslow Homer mit dem Titel »Eindrücke aus dem Bürgerkrieg«, gedruckt und herausgegeben von Perry in Boston, Massachusetts.

Ebenso wie in Europa wurden in Amerika auch lustige Drucke hergestellt. William Hamlin, ein Musikinstrumentenbauer und Autodidakt im Kupferstechen, fertigte ein umkehrbares Mezzotinto an, das den »Glanz der Werbung und das Elend der Heirat« illustrierte. Farbige Lithografien wurden für Theaterprogramme, Buchillustrationen und Noteneinbände verwendet. Kupfertiefdrucke waren die normalen Zeitungsillustrationen, die die amerikanische Schwäche für Comics hervorriefen.

Über das Sammeln

Der Sammler von Drucken ist gegenüber seinen Sammlerkollegen aus anderen Kunstbereichen gleich doppelt im Vorteil: Einmal durch die Vielzahl der Orte, an denen er neue Stücke für seine Sammlung zu finden hoffen darf, zum andern durch die Breite der Preisskala. Da der Druck die vor-fotografische Form beispielsweise der Buch-

illustration, der Pin-up-Bilder und der Zeitungskartoons war, und es für den Buchhändler des 18. Jahrhunderts selbstverständlich war, eine Abteilung für Stiche sowie Radierungen und später für Farblithos zu unterhalten, findet man noch heute antiquarische Buchhandlungen mit einem Vorrat an Drucken. Genaugenommen enthielt jedes illustrierte Buch vor 1900 Drucke dieser oder jener Art – abgesehen von den unzähligen Werken, die das Thema »Drucken« einschließlich der Kommentare, etwa von Ackermann und Finden zum Gegenstand hatten. Viele dieser Bücher sind auseinandergenommen und die Drucke einzeln verkauft worden. Wird dem Sammler ein solcher Band billig angeboten, sollte er kritisch prüfen, ob sich die Ausgabe vervollständigen läßt; denn ein kompletter Band ist immer sehr viel wertvoller als alle seine einzelnen Drucke zusammen.

Außerdem findet der Sammler Drucke in Trödelläden, in Gebrauchtmöbelgeschäften, bei den Bouquinisten in Paris und in Fachgeschäften, auf großen und kleinen Auktionen sowie in Theatern und Spezialgeschäften für Drucke und Poster. Es ist nahezu unmöglich, eine feste Angabe über die Preise zu machen. Radierungen von Dürer oder Rembrandt bringen auf Auktionen Preise von über 30 000 DM. Dagegen kaufte ein Freund vor einigen Jahren einen Probeabdruck eines Stichs von George Stubb für 50 Pfennig. An beiden Enden der Preisskala sind jedoch Erfahrung und Kenntnis die besten Ratgeber. Nachdem der Sammler sich für ein bestimmtes Gebiet entschieden hat, sollte er seine Kenntnisse so umfassend wie möglich erweitern; nicht nur die Freude – besonders an reizvollen Drukken – auch die Gewißheit, eine wertvolle Errungenschaft gemacht zu haben, sind Teil seines Hobbys.

Skulpturen und Bronzen

133 *Skulptur der Taufe Christi, 15. Jahrhundert.*

134 *Marmorrelief der Madonna mit dem Kind, spätes 15. Jahrhundert.*

134

Die meisten der größten Werke weltberühmter Bildhauer sind für den privaten Sammler unerreichbar, denn sie wurden meist als nationale Monumente geschaffen, die schon aufgrund ihrer Größe in die Architektur zahlreicher Hauptstädte einbezogen wurden. Skulpturen in etwas kleinerem Maßstab – oft schöpferische Abbilder des großen Denkmals – sind eher zu bekommen. Auch klassische Fragmente oder Terrakottaentwürfe für Denkmalsfiguren üben einen eigenartigen Reiz aus. Solche kleineren Skulpturen sind für den Sammler aus zwei Gründen besonders attraktiv: Erstens tragen sie die schöpferische Handschrift des Bildhauers, und zweitens verkörpern Skulpturen den individuellen Stil und den jeweiligen Zeitgeist auf höchst ausdrucksvolle Weise.

Aus diesem zweiten Grunde soll die folgende kurze Übersicht eine allgemeine Chronologie vermitteln, die jedoch nicht gesondert auf die charakteristischen Stilarten der einzelnen Länder in jeder einzelnen Epoche eingeht.

Mittelalter und Gotik

Die stilistische Entwicklung vom Untergang Roms bis zur Renaissance spiegelt sich sehr schön in den begehrenswerten europäischen Elfenbeinschnitzereien aus jenen Zeiten wider, bei denen der straffe eckige Stil der Kästen, Statuen und Triptychen direkt das Gefühl anspricht, unabhängig davon, welche religiöse Aussage der Künstler seinem Werk zugrundelegte. Etwas von dieser geistigen Kraft findet sich auch in den spätgotischen Holzschnitzereien in Deutschland, wie die Reliefskulptur der Taufe Christi aus dem 15. Jahrhundert beweist. **133**

135 *Holzrelief von Grinling Gibbons, 1648–1721.*

136 *Büste des John Ray, Rubiliac-Schule.*

Renaissance

Italienische Künstler revolutionierten mit ihren Entwicklungen und Entdeckungen die bildende Kunst in der Renaissance. In dem im 15. Jahrhundert entstandenen Marmor-Relief der Madonna mit dem Kinde, das dem Italiener Francesco di Simone Ferrucci zugeschrieben wird, **134**, sind die körperlichen Bewegungen auf eine Art dargestellt, die dem gotischen Bildhauer unbekannt waren. Wichtige Merkmale der Renaissance waren dreidimensionale Skulpturen, der Sinn für die Proportionen des menschlichen Körpers und die Anwendung der Perspektive.

Barock

Der Barockstil zeigt sich in seiner vollen Pracht in den monumentalen Skulptur-Schöpfungen für den Hof Ludwigs XIV. Viele dieser Werke wurden später als kleine Bronzegruppen und Statuetten reproduziert, aber sie können sich nicht mit dem Original messen. Besser ist es, nach weniger großen Werken Ausschau zu halten. In dem Relief aus Buchsbaum »Die Anbetung der Hirten«, **135**, von Grinling Gibbons (1648–1721) zeigen sich die barocken Hell-Dunkel-Kontraste durch die Mächtigkeit ihrer Ausarbeitung. Die großzügigen Bewegungen, charakteristisch für die Bildhauer Coysevox, Le Brun und Bernini, finden sich auch in den weniger seltenen Werken deutscher und niederländischer Elfenbeinschnitzer des 17. Jahrhunderts.

Rokoko

Nach der Schwere und Farbenfülle des 17. Jahrhunderts bildeten die leichten und fließenden Formen des

137 *Erhabenes Bild eines Papageis von Samuel Dixon.*

138 *Lady Elizabeth Monck von Joseph Nollekins.*

139 *Französische Marmorbüste um 1790.*

140 *Terracotta von Claudion.*

137

138

139

141 *Goldbronzepaar von Falconet, 1716–1791.*

142 *Terracotta des Thomas Carlyle von Edgar Boehm.*

143 *Büste eines Mädchens von Onslow Ford.*

141

142

18. Jahrhunderts einen reizvollen Kontrast. Das Werk Claudions veranschaulicht wohl am besten die Freiheit der Phantasie in dieser Zeit. Die abgebildete Terrakottagruppe eines Satyrn mit kleinen Faunen ist in der leichten Art ausgeführt, die für die Fortentwicklung des Barockstils typisch ist. **140** Ein paar Porzellanfiguren weisen bildhauerische Qualitäten auf, obwohl sie genaugenommen keine Skulpturen sind. Das gleiche gilt für die bronzenen Kaminhunde eines Dubois oder Caffieri.

Die englische Bildhauerkunst wurde von Immigranten beherrscht, besonders von dem Franzosen François Roubiliac (1705–1762) und dem Niederländer Michael Rysbrack (1694–1770). Stücke dieser beiden Künstler sind selten und sehr teuer. Die stilistisch ähnlichen Werke ihrer Nachfolger sind auch sehr reizvoll, obwohl sie im Vergleich zu denen der genannten Meister eher plump wirken. Die Büste des Naturforschers John Ray, **136**, ist Teil einer Serie und zeitgenössische Kopie einer Büste, die Roubiliac 1751 von Dozenten des Trinity Colleges in Cambridge anfertigte und die bemerkenswert für ihre klaren, fließenden Linien ist.

Aber das Feld ist weit, und sogar das plastisch gearbeitete Bild des Dubliners Samuel Dixon aus der Mitte des 18. Jahrhunderts paßt recht gut in eine Skulpturensammlung. Die Fotografie eines seiner Paradiesvögel, **137**, gibt die drei Dimensionen dieses Bas-Reliefs aus Papier nicht richtig wieder. Vergleichbar mit diesen Reliefs sind nur die Holzreliefs des Engländers Isaak Spackman. Filigranarbeiten aus Papier gehören in die gleiche Kategorie von Kunstwerken. Sie entstammen zwar der sakralen Kunst des 15. Jahrhunderts, erlebten aber im ausgehenden 18. eine neue Blüte.

Klassizismus

Der Übergang vom Rokoko zum Klassizismus, der in

143

Frankreich um 1760 einsetzte, verlief schrittweise. Selbst die unsignierte Marmorbüste, **139**, aus dem Jahre 1790 weist in der Haartracht und dem weichen Gesichtsausdruck noch charakteristische Stilelemente der Jahrhundertmitte auf. Bei der Portraitbüste der Lady Elizabeth Monck, **138**, von Joseph Nollekins (1737–1823) zeigt sich die ganze Straffheit und Beherrschtheit, die man sonst mit dem klassizistischen Stil verbindet.

Kleine dekorative Bronzen gehören zu den zartesten Arbeiten der Epoche. Die beiden Bronzen auf Abbildung **141** strahlen eine wohlberechnete verfeinerte Sinnlichkeit aus, die den stilistischen Übergang zwischen Rokoko und Klassizismus wiedergibt. Sie stammen von Falconet (1716–1791), der sich auf Entwürfe für kleine Figuren spezialisiert hatte, wie sie die Porzellanmanufaktur in Sèvres und Hersteller anderer dekorativer Gegenstände, zum Beispiel Uhren, verwendeten.

Das 19. Jahrhundert

Unter den Werken der Bildhauer des 19. Jahrhunderts befinden sich noch am ehesten Originalstücke, die nach dem Herzen des Sammlers sind.

Viktorianische Skulpturen. Anfänglich dominierte noch der Klassizismus, dessen hervorragender Vertreter John Gibson (1790–1866) war. Ausführung und Grundgedanke mündeten aber in einem mehr individuellen romantischen Stil, wie die Terrakotta mit dem vor sich hinbrütenden Thomas Carlyle, **142**, beweist, die von Edgar Boehm (1843–1890), dem Bildhauer der Königin Viktoria, stammt. Gegen Ende des Jahrhunderts bildete sich in London eine interessante

144 *Bronze von A. Carrier-Belleuse.*

145 *Türkisches Pferd von Antoine Barye.*

147

Künstlergruppe, die Bronzen schuf. Eine Vorstellung von den Fähigkeiten ihrer Phantasie vermittelt die zurückhaltende, charaktervolle Büste eines jungen Mädchens von Onslow Ford (1852–1901), **143**

Französische Skulpturen des 19. Jahrhunderts. In gewisser Hinsicht haben die französischen Bildhauer eine tiefere romantische Betrachtungsweise als die Engländer. Dies zeigt sich deutlich an der Bronzefigur des Soldaten, geschaffen von A. Carrier-Belleuse (1824–1897), der ab 1861 regelmäßig in den Salons ausstellte. **144**

Von besonderer Bedeutung ist die französische Schule für Tierplastiken, die von Antoine Barye (1786–1875) geleitet wurde. Sein »Türkisches Pferd«, **145**, zeigt vollendete Harmonie sowohl in der Form als auch in der Oberflächenbearbeitung. Aber nicht alle Arbeiten dieser Schule sind so hervorragend, was deutlich wird an dem Bären in der Badewanne und den verkleideten Ratten von Alphonse Arson (1822–1880). **147**

Als der führende französische Bildhauer der Romantik wird allgemein Jean-Baptiste Carpeau (1827–1875) angesehen, er war schon zu Lebzeiten äußerst erfolgreich. Die Terrakottabüste der »Rieuse aux Roses«, **146**, ist ein gutes Beispiel seiner kleineren Werke.

Amerikanische Skulpturen. Während dieser Zeit kamen auch die amerikanischen Bildhauer zur Geltung und schufen Werke von öffentlicher und persönlicher Bedeutung. Das Standbild Washingtons von John Quincy Adam Ward (1830–1910) drückt die Erhabenheit der ganzen zeitgenössischen Bildhauerkunst aus. Augustus Saint-Gandens (1848–1917) konzentrierte sich mit seinen wesentlichen schöpferischen Werken auf kleine impressionistische Relief-Portraits von unvergleichlicher Schönheit.

Viele amerikanische Bildhauer studierten in Europa, gingen dann aber wieder in ihre Heimat zurück, um ihren eigenen Stil zu entwickeln. Sehr klar läßt sich das an den Tierplastiken von S. H. Borghum (1868–1922) erkennen, der bei Fremiet in Paris studierte und später eine viel größere naturalistische Freiheit in sein Werk brachte.

146 *»La Rieuse aux Roses« von Carpeau.*
147 *Schule der Tierplastiken: Eine Ratte von Alphonse Arson, ein Bär und ein Elefant von Barye.*

Glas

148 *Humpen mit Emailmalerei der vier Evangelisten, Böhmen um 1610.*
149 *Kameevase mit vier Figuren von Webb aus Stourbridge, spätes 19. Jahrhundert.*

150 *Blaue Glasschale aus Bristol, um 1810. Die Schale trägt ein goldenes Mäandermuster und ist am Boden mit »I. Jacobs Bristol« signiert.*
151 *Karaffe aus Rubinglas mit opakem Überfang, Schnitt und Emailmalerei. Böhmen um 1840.*

150

149

151

152

152 *Pokal mit Facettenschliff, Schwarzlotmalerei mit Goldpunkten. Ignaz Preissler, Kunstat in Böhmen, um 1725–30.*

Die Grundstoffe für Glas sind Siliziumsand, Soda oder Pottasche zum Schmelzen und Kalkstein als Festiger. Bleikristall ist eine Mischung aus dem weißesten eisenfreien Siliziumsand, Pottasche und Bleioxyd. Das Schmelzen erfolgt bei Temperaturen um 1500° C. Abgekühlt auf 800° C läßt sich die Glasmasse bearbeiten und bleibt unter bestimmten Bedingungen für zwanzig bis dreißig Minuten formbar. Die Zugabe von Bruchglas zur Masse fördert die Schmelze, darüberhinaus bestimmen verschiedene Metalloxyde und Mineralien die Qualität, Härte, Bruchfestigkeit, Farbe und Transparenz des Glases.

Glas kann geformt, geblasen, gezogen, gegossen und gepreßt werden. Durch Modellieren der immer wieder erhitzten weichen Glasmasse zu allen möglichen Formen oder durch Aufbringen von Dekorationen auf den fertigen Glaskörper, durch Emaillierung, Vergoldung, Schnitt und Gravur, lassen sich dekorative Effekte erzielen.

Glas im Altertum

Die Verfahren der Glasherstellung und -verzierung sind seit ungefähr 2000 Jahren bekannt, außer der Dekoration durch Ätzen.

Etwa um 1500 v. Chr. tauchten in Ägypten hohle Glasgefäße auf, die man entweder durch Gießen oder Pressen einer Mischung aus zerstoßenem Glas in Hohlformen erhielt oder durch Aushöhlen von Glasblöcken. Kleine farbige Gefäße, überwiegend in Blau oder Gelb, wurden in Sandkerntechnik hergestellt. Dabei wurde ein flüssiger Glasfaden um einen vorgeformten Kern gewickelt.

Zwischen 700 und 600 v. Chr. blühte diese Technik noch einmal auf. Die meisten der für den Sammler verfügbaren Gefäße entstammen dieser Periode und wurden größtenteils für Salben und Kosmetika verwendet. Größere Museen stellen sie in Mengen aus, so daß der Sammler sie nur selten auf Antiquitätenmessen oder bei spezialisierten Händlern bekommen kann. Die Techniken für farbige Mosaiken und »Millifiori«, bei dem bunte Glasröhrchen zerschnitten, nebeneinandergelegt und verschmolzen werden, waren schon ab 1500 v. Chr. bekannt und wurden bis ins 3. und 4. Jahrhundert n. Chr. reichlich angewendet.

Das Glasblasen soll im Jahre 1 n. Ch. in oder in der Nähe von Sidon in Syrien erfunden und von dort nach Alexandria gebracht worden sein, das dann ein blühendes Zentrum wurde. Von da an war das Glasmachen ein Handwerk mit unbegrenzten Möglichkeiten. Die ersten geblasenen Gefäße waren wohl die kleinen keulenförmigen Tränenvasen, die häufig in Gräbern gefunden wurden und wahrscheinlich die Tränen der Trauernden enthalten hatten. Oft schillern sie recht hübsch – eine Folge der Verwitterung durch langes Lagern in feuchter Erde oder Luft. Da sie noch zu vernünftigen Preisen gehandelt werden, sind sie bei Sammlern sehr begehrt. Kleine, in eine Form mit Relief geblasene Gläser entstanden im 2. und 3. Jahrhundert in Sidon. Eine Glasbläsergruppe unter der Leitung eines gewissen Ennion, dessen Schüler Werkstätten von Nordafrika bis Gallien einrichteten, stellte hellenistisch beeinflußte formgeblasene Tassen und Becher mit Inschriften und Namen der Glasbläser her.

Glaswaren blieben nicht länger Luxusartikel, sondern fanden Eingang in den täglichen Gebrauch. Glasbläser, die mit den römischen Legionen quer durch Europa zogen, verbesserten ihre Techniken, um den Ansprüchen an Flaschen und Vorratsbehältern für den praktischen Gebrauch genügen zu können.

Im Mittelmeerraum wurden weiterhin Luxusgläser erzeugt. Griechenland und Italien beherrschten den Kameenschnitt – eine Kunst, die für das Glas-Material besonders geeignet war. Die berühmte Portlandvase im Britischen

153 *Deckelpokal, farbloses Glas mit Email- und Golddekor. Venezianisch, spätes 15. Jahrhundert.*

154 *Venezianischer Latticiniopokal. Spätes 17. oder frühes 18. Jahrhundert.*

153

154

Museum aus dem 1. Jahrhundert n. Chr. ist ein schönes Beispiel von frühem Kameenglas.

Die »Fondi d'Oro«-Technik war in den ersten vier bis fünf Jahrhunderten beliebt. Goldfolie mit radierten Zeichnungen wird dabei zwischen zwei durchsichtige Glaslagen gefügt. Die Darstellungen der Fondi d'Oro-Gläser sind den frühen christlichen und den jüdischen Schriften entnommen, weisen aber nicht zwangsläufig auf den Glauben des Glasbläsers hin.

Der größte Triumph der Glasmacherkunst waren die »Diatretgläser« zwischen 100 und 300 n. Chr. Die Außenwand des Gefäßes wurde so ausgefräst, daß nur noch ein feines Netzwerk stehen blieb, das mit der Innenwand durch wenige feine Stege verbunden war. Um den Hals des Bechers lief ein lateinischer oder griechischer Spruch. Diese äußerst feinen Gefäße wurden am Rhein gefunden.

In Byzanz hatte sich lange vor der Auflösung des römischen Reiches eine blühende Glasindustrie entwickelt. Die Künstler arbeiteten unter den besten Bedingungen, und die Bekehrung zum Christentum inspirierte sie zu Arbeiten im großen Stil. Mosaiken aus Tausenden von farbigen Glassteinchen leuchteten von den großartig proportionierten Wänden und Kuppeln der byzantinischen Basiliken.

155

155 *Geblasener Apfel als Briefbeschwerer. Der Apfel liegt auf einem Teller aus klarem Kristallglas. Neuengland Glasgesellschaft, Amerika 1835.*

156 *Obere Reihe von links nach rechts:
Clichy, Briefbeschwerer mit Girlande aus neun weißen und grünen Rosen; Baccarat, Stiefmütterchen mit weinroten und gelben Blütenblättern und weiße Staubgefäße; Baccarat Millefiori Briefbeschwerer mit verschiedenen Mustern, datiert 1848; Baccaratmuster mit blauen und weißen Blüten;
mittlere Reihe: Clichy, türkis und weiße gedrehte Fäden mit grünen und rosa Punkten im Zentrum; Miniatur-Beschwerer aus Clichy, facettiert und mit neun rosa und grünen Rosen in der Mitte; Clichy-Miniatur mit weißen und rosa Rosen; Clichy, weiße und grüne gedrehte Fäden mit rosa Zentrum;
untere Reihe: Clichy-Millefiori Briefbeschwerer aus klarem Glas, seltenes Stück aus Baccarat mit gefüllter Rose und geschliffener Unterseite;
St. Louis, vierfarbige Krone, blau, gelb, rot und grün abwechselnd mit Latticiniofäden; Clichy, die beiden Rosenkreise sind durch Latticiniofäden getrennt.*

156

157

157 *Gepreßtes Spitzenglas: Zuckerdose vermutlich Providence, Amerika 1831–33,* **Lampe, Neuengland** *Glasgesellschaft, etwa 1830.*

158 *Lampe von G. Argy-Rousseau und A. Bourraine. Französisches Kristall, Ende 19. Jahrhundert.*

158

159 *1. Weinglas mit Trichterkelch und gedrehten Luftblasen im Stiel.*
2. Seltenes Weinglas mit opaken Fäden im Stiel und gefaltetem Fuß.
3. Großes Weinglas mit doppeltgebogtem Kelch, gedrehten Luftblasen und Verdickung im Stiel sowie konischem Fuß.
4. Schönes balusterförmiges Weinglas mit kurzem Kelch und Träne im Kelchboden. Der Stiel ist in kurze Partien aufgeteilt und hat in der Mitte und über dem gefalteten Fuß deutliche Verdickungen.
5. Leichtes Baluster-Weinglas mit trichterförmigem Kelch.

Islamisches Glas

Im Jahre 634 n. Chr. wurde die byzantinische Armee von den Arabern geschlagen. Die Ausbreitung des Islam beeinflußte auch die Glasmacherkunst.

Glas aus der Zeit der römischen Besetzung wird oft auch römisches Glas genannt, obwohl es ebensogut das Werk eines syrischen Meisters gewesen sein kann. Die Bezeichnung »Islamisches Glas« bezieht sich nur auf Gefäße mit Emailmalerei und Vergoldungen, die in der islamischen Periode entstanden sind. Der Künstler kann Mesopotamier, Perser oder Ägypter gewesen sein und seine Arbeit in verschiedenen Techniken ausgeführt haben. Die besten Leistungen islamischer Glaskunst sind die Emaillierungen und Vergoldungen aus den Hauptglaszentren in Raqqa, Aleppo und Damaskus aus der Zeit zwischen 1250 und 1400 n. Ch. Der private Sammler hat hier kaum Chancen und muß sich vor Fälschungen in acht nehmen. In großen Museen kann man die seltenen Moscheelampen des 14. Jahrhunderts bewundern, die die hervorragende Handwerkskunst beweisen.

Waldglas

Fränkische und rheinische Glashütten arbeiteten nach eigenen überlieferten Methoden. Die europäischen Waldglashütten verarbeiteten ein grünliches Metall, das dem Glas seine typische Färbung verlieh. Dieses Waldglas wurde auch noch hergestellt, als die Entfärbung der Glasmasse mit Glasmacherseife längst bekannt war. Fragmente von römischem und Waldglas tauchen recht häufig auch außerhalb von Ausgrabungsgebieten auf und können als Grundstock für eine aufschlußreiche Sammlung dienen.

Fensterglas

Diese wichtige Industrie unterlag nie einem wirtschaftlichen oder politischen Druck. Fensterglas wurde auf zwei Arten hergestellt: Entweder formte der Glasbläser eine längliche Blase, die an beiden Enden abgeschnitten wurde. Der entstehende Zylinder wurde aufgeschnitten und vor dem Ofen geglättet. Beim »Mondglasverfahren« wurde die Blase von der Glasmacherpfeife abgenommen und an einem Hefteisen befestigt. Sie wurde dann vor dem offenen Ofen gedreht und erhitzt. Durch die Zentrifugalkraft nahm die offene Blase eine flache runde Form an mit einer Verdickung in der Mitte wie die späteren Butzenscheiben.

Bemaltes Glas

Die früheste Bemalung (15. Jahrhundert) bestand aus einer gelben Farbe, die durch Überziehen des Glases mit Silbernitrat und durch nachfolgende Abkühlung erzielt wurde. Übermalungen wurden mit Schwarzlot vorgenommen, einer schwärzlichen Mischung aus Kupferoxyd. Sie fand zunächst bei der Fensterglas-Malerei Anwendung. Im 17. Jahrhundert verschwanden aber die bunten Glasfenster, lediglich in der Schweiz erhielt sich die Kunst, kleine Scheiben zu bemalen und zu gravieren. Hier bieten sich dem Sammler noch wenig erschlossene Möglichkeiten. Kauf und Verkauf hängen von den Kenntnissen des Käufers wie des Verkäufers ab und sind meist Glücksache.

Viele spätere Künstler übernahmen die Techniken des Bemalens mit Schwarzlot, durchsichtiger Email und anderen Farben für gläserne Hohlkörper: Johann Schaper (1621–1670) in Nürnberg, Ignaz Preissler (1675–1733) und sein Sohn in Böhmen, **152**, Samuel Mohn (1762–1815) in Dres-

160

160 *Schale mit vergoldetem Rand und in Emailfarben gemaltem Wappen, Trophäen und Gittermuster in einem Rahmen aus Muschelwerk des Rokoko.*

161

161 *Kugelflaschen aus dem frühen 18. Jahrhundert, a) gezeichnet EF 1702, b) die größere, später entwickelte Form, gezeichnet S. Holloway 1726, c) eine etwas eckige Flasche mit Silberbeschlag.*

den und sein Sohn Gottlob Samuel (1789–1825), der nach Venedig ging und dort Anton Kothgasser (1769–1851) beeinflußte, einen Künstler, der sehr begabte Arbeiten in Transparentemail anfertigte. **148** Gefäße mit Emaildekor, besonders aus dem frühen 19. Jahrhundert, erscheinen regelmäßig auf guten Auktionen, sind aber sehr teuer. **151**

Venedig

Um die Brandgefahr von der Stadt abzuwenden, wurde 1291 die venezianische Glasindustrie nach Murano verlegt, wo sie noch heute das Zentrum italienischer Glasbläserkunst darstellt. Das 15. Jahrhundert brachte ein Wiederaufleben der alten Techniken des Millefiori, Mosaik und des Marmorierens. Vergoldungen und Emaillierungen in leuchtenden Punkten sowie Schuppenmuster sind typisch für diese Periode. Figürliche Darstellungen in Emailfarbe auf tiefblauen oder grünen Bechern sind besonders von der Familie Berovieri geschaffen worden. **153** Die Entwicklung des venezianischen Kristalls, einer klaren, flüssigen Glasmasse, die schnell auskühlte und deren Herstellung große Geschicklichkeit erforderte, revolutionierte das gesamte Glasmacherwesen. Aufgrund der Wiederentdeckung des Entfärbungsverfahrens war Kristall fast farblos – vorausgesetzt, es wurde dünn genug geblasen. Der Nachteil war, daß es nicht wieder erhitzt werden konnte, was aber Voraussetzung für das Emaillieren war. Seine Flüssigkeit inspirierte den Bläser zu allen möglichen phantastischen Formen – sei es mit gezogenen, aufgelegten und eingedrückten Dekorationen. Faden- und Flügelgläser sind für das 17. Jahrhundert typisch und sehr bekannt.

Obwohl die Glasbläser in Murano unter strenger Bewachung standen und hart bestraft wurden, wenn sie flohen, entkamen viele ins Ausland; auch die Bläser aus Altare bei Genua, die nicht unter so strengen Vorschriften arbeiten mußten. Glas »à la façon de Venise« wurde modern, und italienische Glasmacher wurden gern an europäischen Höfen angestellt.

Der spitzenähnliche Effekt des »Latticinio«-Glases wurde durch Einbetten von weißen Glasfäden in klare Glasmasse erreicht, die dann zu verschlungenen Mustern gedreht wurden. **154** Im 16. Jahrhundert erscheinen diamant-geritzte Gravuren auf den Kristallgläsern, besonders in England, Tirol und Holland. **173**

Mit der Einrichtung venezianisch beeinflußter Werkstätten in allen wichtigen Glaszentren Europas verlor die Waldglasindustrie an Bedeutung. Mittelalterliche Formen des Gebrauchsglases wichen den verfeinerten Gefäßen. Das »Paßglas« mit den aufgelegten Maßringen, das hohe »Stangenglas« und der große »Humpen« waren die beliebtesten Trinkgefäße. In Deutschland und Böhmen waren fröhliche Dekorationen in Emailfarben besonders beliebt. Gedenkmotive wie auch historische, regionale, häusliche und heraldische Muster waren gefragt. Schön bemalte Humpen sind ausgesprochen teuer. Von den Reproduktionen des 19. Jahrhunderts, die reichlich vorhanden sind, sollte sich der erfahrene Sammler nicht täuschen lassen. Das moderne Glas ist von einheitlich grünlicher Farbe, außerdem fehlt der Hohlboden. Ein wichtiger Abkömmling mittelalterlicher Formen ist der Römer, der bis heute erhalten geblieben ist. Sein bauchiges Oberteil steht auf einem ausladenden Fuß aus spiralförmig gewundenem Glas und einem leicht konischen Schaft mit aufgesetzten beerenförmigen Nuppen.

Die Niederlande

In den Zentren von Antwerpen und Lüttich wurde mit Hilfe der italienischen Einwanderer ein Glas hergestellt, das von dem venezianischen Originalprodukt nicht zu unterscheiden war, darunter Latticinio- und Eisglas (Craqueléeglas) in sehr guter Qualität. Frühe Gläser à la façon de Venise sind häufig Museumsstücke und liegen entsprechend hoch im Preis. Im späten 19. Jahrhundert ist für den Kontinent und England eine Art farbenfreudiger Wiederbelebung zu verzeichnen. Stücke aus dieser Zeit sind hervorragend und verdienen Beachtung. Die feinsten Zeugnisse der Glaskunst entstanden im 17. und 18. Jahrhundert in den Niederlanden, wo man meisterhafte Techniken entwickelt hatte. Trinkgläser, vor allem Römer und später auch Weinflaschen wurden mit kalligrafischen Gravuren in schwungvoller Schrift dekoriert. Die fähigsten Künstler auf diesem Gebiet waren Frauen – zum Beispiel Anna Roemers-Vischer (1583–1651) und ihre Schwester – außerdem Jacobz Willem Heemskerk aus Leyden. Ein künstlerischer Höhepunkt war die Erfindung des Stippens, wobei

162

163

164

162 *Gepreßtes Spitzenglas, Kompottschale, Deckelschale und Teller. Boston und Sandwich Glasgesellschaft, um 1830–40.*

163 *Frei geblasener Krug mit Glasauflage. New York oder Lancaster, um 1840–50.*

164 *Dunkel- und hellblauer formgeblasener Kerzenhalter, vermutlich Pittsburgh, England um 1815–40.*

165 *Englischer Glaskelch mit jakobitischen Symbolen.*

165

die gewünschten Motive mit dem Diamanten oder der Stahlnadel aus winzig kleinen Punkten zusammengesetzt werden mußten. Die feinsten Stipparbeiten stammen von David Wolff (1732–1798). Die noch existierenden Stücke sind aus den Jahren 1784 bis 96 datiert. Die Putten und elegantgekleideten Kinderfiguren strahlen den Charme des Rokoko aus. Gestippte Gläser sind verhältnismäßig selten und erzielen auf Auktionen hohe Preise.

Um 1725 entwickelte die Dagnia-Hütte in Newcastle, England, ein klares, weißes Glas mit ausgezeichneter Lichtbrechungsfähigkeit, das bei den niederländischen Künstlern sehr begehrt war. Es ist deshalb nicht verwunderlich, daß die feinsten holländischen Gravuren auf bestem englischen Glas zu finden sind.

Britische Inseln

Vom 7. Jahrhundert an kamen Glaser aus der Normandie und Lothringen nach England, wo sie hauptsächlich den Bedarf an Fenster- und bemaltem Glas deckten.

Im Jahre 1567 erhielt der Lothringer Jean Carré eine Lizenz zur Herstellung von Fensterglas und Glas à la façon de Venise. Aus diesem Grunde holte er sich den Venezianer Giacomo Verzelini (1522–1606). Es existieren noch neun Gläser aus seiner Glashütte in Crutched Friars in London. Sie zeigen die typischen italienischen Charakteristika: Den hohl geblasenen Knoten am Stiel und den gefalteten Fuß – eine Methode, den Rand des Fußes durch Verdoppelung zu stärken. Die Gläser hatten weite Proportionen und in der unteren Hälfte Diamantgravuren. Gelegentlich finden sich Vergoldungen und selten Emaildekors. Die Glasmasse ist von einer weichen, schwach grünlichen Färbung.

Als das Holz knapp wurde, verbot 1615 eine Verordnung die Holzfeuerung, und die Öfen mußten auf Steinkohleheizung umgestellt werden.

Georg Ravenscroft (1618–1681), ein Protegé der »Worshipful Company of Glass Sellers« in London, entwickelte 1676 seine »besondere Art von Kristallglas, die Bergkristall ähnelt«. Ab 1677 sind seine Erzeugnisse mit dem Rabenkopf signiert. Einige Jahre lang konnte man gewisse Fehler im Material, die auf zu hohen Anteil an Alkalie zurückzuführen waren, nicht beseitigen.

Ravenscroft fügte seiner Glasmasse Bleioxyd hinzu und erhielt dadurch ein schwereres Material von einzigartiger wässriger Klarheit und Reinheit der Farbe sowie von hervorragender Lichtbrechung, jedoch ohne die spröde Härte des venezianischen Kristalls. Es schmolz bei niedrigerer Temperatur und konnte daher länger bearbeitet werden. Trinkgläser des 18. Jahrhunderts sind begehrenswerte und kostbare Objekte. Die Stile sind so vielfältig, daß die Gläser entsprechend ihren Mustern an Kelch oder Fuß eingeordnet werden. **159** Zwischen den Jahren 1682 und 1730 ist der Balusterschaft ein wichtiges Charakteristikum englischen Glases. Von 1745 bis 1780 wurden farbige Emailspiralen in die Stiele eingearbeitet. Beide Arten entsprangen venezianischem Einfluß. Kunstvoll kombinierte Luft- und Farbspiralen im Stiel vergrößern Wert und Schönheit des Glases. Die Schäfte mit eingeschlossenen Luftspiralen entwickelten sich vermutlich aus den zufällig entstandenen Luftblasen oder »Tränen« und gehörten zu den schönsten Verzierungen der Glasgefäße. Sie tauchten 1730 zum erstenmal als eingestochene Luftblasen auf.

Das eleganteste Erzeugnis englischer Glashütten ist der Baluster aus Newcastle, ein hohes Glas mit glockenförmigem Kelch und meist glattem Fuß. Der knotig verdickte Stiel enthält Blasen und Luftspiralen, der Kelch trägt Gravuren hervorragender holländischer Künstler. Im 18. Jahrhundert waren alle Arten von Gläsern mit Erinnerungsmotiven beliebt. Eine besondere Gruppe bildeten die Jakobitischen Gläser, die an die jakobitischen Rebellen von 1715 und 1745 erinnern sollten und ihre Symbole trugen. Die Proportionen eines Trinkglases sind für den Sammler wichtig. Bei englischen Stücken ist der Durch-

166

messer von Fuß und Kelch ungefähr gleich groß, und der Stiel steigt aus einem in der Mitte erhöhten Fuß.

Das in Bristol und Staffordshire hergestellte opakweiße Glas war mit Emailfarben im Rokokostil bemalt. Michael Edkins (1733–1811) und James Giles (1713–1780) gehörten, wenn auch unterschiedlich im Stil, zur Elite der Glas- und Porzellanmaler des 18. Jahrhunderts. William Beilby (1740–1819) und seine Schwester Mary (1749–1797) schufen in Newcastle hervorragende Arbeiten mit weißen und bunten Emailfarben, und in Bristol wurde von der Familie Jacobs blaues Tafelglas mit Golddekor versehen. **150**
Nachdem sich im Jahre 1777 die Glassteuer verdoppelt hatte, emigrierten einige der besten Schleifer nach Irland, das 1779 volle Handelsfreiheit garantierte. Glashütten unter englischer Leitung entstanden in Waterford, Cork, Dublin und Belfast. Sie stellten ein geschnittenes Tafelglas von schwerer Qualität her; von 1780 bis 1825 kann man von einer regelrechten anglo-irischen Periode sprechen. Gravuren auf irischen Gläsern erreichen gewöhnlich nicht die Qualität des feinen Schliffs. Schöne Effekte im Glas erzielte man in Nailsea bei Bristol mit farbigen oder opakweißen Schleifen, Bändern und Punkten. Mit dem 18. Jahrhundert beginnt für den Sammler die eigentlich interessante Periode. Vielseitige Muster befriedigen jeden Geschmack. Seltene Gläser mit Luftspiralen, jakobitische Gläser und Stücke mit Dekorationen bekannter Meister sind entsprechend teuer, aber typische blaue und grüne Weingläser aus Bristol und Flaschen ohne Verzierung bilden eine beachtliche Sammlung. Gläser aus Nailsea erfreuen den Sammler, ohne sein Budget zu strapazieren.

Im späten 19. Jahrhundert entstanden die schönsten Arbeiten in Stourbridge. John Northwood (1836–1902) und die Brüder Woodall griffen dort die Technik des Kameeglases wieder auf; auch die Hütte von Thomas Webb wurde zum Anziehungspunkt für viele hervorragende Schleifer aus Böhmen. **149** Webbs Kameeglas taucht auf speziellen Jugendstilauktionen auf und ist, wie Stücke von Gallé und seinen Zeitgenossen, unerschwinglich. Man kann noch einige kleine Objekte wie Riechfläschchen erstehen, ohne gleich in dreistellige Zahlen zu geraten. Frühe signierte Flaschen sind noch im Handel, steigen aber im Preis. **161**

Böhmen

Caspar Lehmann (1570–1622), Edelsteinschneider Rudolfs II. in Prag, soll der erste gewesen sein, der das spröde Barockglas mit dem Rädchen schnitt. Bis zum Ende des 17. Jahrhunderts hatte sich ein geeigneteres Glasmaterial entwickelt, und im frühen 18. Jahrhundert schufen böhmische und schlesische Glaskünstler die konkurrenzlose Technik des Hoch- und Tiefschnitts ähnlich dem Bergkristallschliff. Mit der wirtschaftlichen Expansion gewann der böhmische Einfluß Weltgeltung. Zwischengoldglas wurde wieder hergestellt, und der Österreicher Mildner (1763–1808) schuf eine sehr individuelle Variante mit eingelegten Medaillons. Johann Kunkel (1630–1703) erfand in Potsdam Goldrubinglas, und bis zum Beginn des 19. Jahrhunderts hatte sich Böhmen an die Spitze der Farbglasherstellung gesetzt. Originelle Arbeiten entstanden in der Werkstatt Bedrich Egermanns (1777–1864). **167, 169** Er griff die Techniken des gefärbten und marmorierten Glases wieder auf, besonders die des Lithyalinglases, das er nicht nur in dem bekannten Rot sondern auch in anderen Farbschattierungen produzierte. Ein schwarzes opakes Glas – das »Hyalith« – entstand in der südböhmischen Hütte des Grafen Buquoy. Es bekam normalerweise ein Golddekor. Joseph Riedel produzierte in Nordböhmen ein fluoreszierendes grünliches und gelbliches Glas, das Annagrün und Annagelb. Reizvoll gefärbtes, geschliffenes und graviertes Überfangglas wurde als böhmische Spezialität in die ganze Welt exportiert.

Gutes böhmisches Glas des 19. Jahrhunderts wird häufig angeboten. Egermanns »Lithyalin« wie auch Glas aus bekannten Hütten und von berühmten Meistern kann teuer sein, ist aber ausreichend vorhanden. Mineralwassergläser des Biedermeier in rotem und gelbem Überfang ergeben eine attraktive Sammlung, Riechfläschchen oder Milchgläser verdienen ebenfalls Beachtung.

Frankreich

Frankreichs Beitrag zur mittelalterlichen Glaskunst war die Entwicklung von Flachglas für Spiegel und Fenster mit Glasmalerei. Im späten 17. Jahrhundert stellte der avantgardistische Glasmacher Bernard Perrot in Orléans entzückende formgeblasene Becher und Riechfläschchen her. Das begehrteste französische Glas entstand jedoch im 19. Jahrhundert. Baccarat schuf glänzende uranhaltige Gläser in schönen Farben mit ausgezeichnetem Schliff. George Bontemps geniale Versuche von 1823 bis 1848 in Choisy-le-Roi, die Latticinio- und Millefiori-Techniken wiederzubeleben, führten zu der Entstehung der französischen Paperweights (Briefbeschwerer).

167

166 *Geschliffene Vase, Geschenk der Bakewells an Henry Clay Fry zur Eröffnung seiner Glasmanufaktur in Pittsburgh. Pittsburgh um 1825.*

167 *Lithyalinflakon von Egermann, geschliffen und vergoldet um 1820.*

168 *Kameeglasvase von Webb.*

Die drei Hauptfabriken, die diese farbenfrohe Spielerei herstellten, waren Baccarat, St. Louis und Clichy. Einige Stücke sind mit Datum und Initialen versehen. Auch andere Fabriken produzierten Briefbeschwerer. St. Louis war wohl die unkonventionellste, ihre Beschwerer sind niedrig und haben oft die typische, abgeflachte Kuppel. Clichy bevorzugte ein Wirbelmuster, Baccarat spezialisierte sich auf Medaillon-Einlagen aus Metall oder anderen harten Materialien. Diese Methode der »Cristalloceramie« hat Apsley Pellat in England sehr geschickt verwendet. Grundflächen mit Sternschliff waren für Baccarat typisch. Mit der Gründung der Schule von Nancy schuf Emile Gallé (1846–1904) ein ganz neues Konzept für die Glaskunst. Auf individuelle Studioarbeit von großer Originalität unter optimaler Ausnutzung des Materials wurde großer Wert gelegt. Der Einfluß von Gallés Kameeglastechnik war sehr stark. Zu den besten Repräsentanten der Schule gehörten die Brüder Daum aus Nancy und die Gebrüder Muller aus Lunéville. Mit den Arbeiten von René Lalique (1860–1945), die von exquisiten Juwelierarbeiten mit leuchtenden Emailfarben bis zu architektonischen Springbrunnen reichten, und den kraftvollen Glasformen von Marinot (1882–1960) hatte Frankreich den Höhepunkt moderner Glaskunst erreicht.

Der regelrechte Boom auf dem Gebiet der Paperweights, der Studioarbeiten und des qualitativ hochwertigen Jugendstilglases wird den zukünftigen Sammler möglicherweise abschrecken. In dem Fall sollte er sich für die zauberhaften pastellfarbenen Opalgläser mit ihren feinen Golddekors und Emailmalereien interessieren. Hier gibt es weder Probleme bei der Beschaffung noch mit den Preisen.

168

169 *Obere Reihe von links nach rechts: Parfumflasche mit geschliffenem Überfang in Stiefelform, Böhmen, frühes 19. Jahrhundert; flache Lithyalinglasflasche von Egermann; geschliffene und polierte Lithyalinglasflasche mit eingeschliffenem Stöpsel und Silberkappe, von Egermann, beide um 1830; Parfumflasche aus klarem Glas, mit dem Rad geschnitten, mit steinbesetzter Goldfassung, geschliffenem Stöpsel und Kappe am Scharnier. Vermutlich französisch, frühes 19. Jahrhundert.*
Mitte: Parfum- oder Riechflasche aus Kameeglas mit opaken Kirschen auf hellblauem Untergrund, geschliffenem Stöpsel und silbernem Deckel. Thomas Webb und Söhne, um 1887; eichelförmige Parfumflasche, England Anfang 19. Jahrhundert.
Untere Reihe: Zwei Riechfläschchen in Emailgehäuse, Glas englisch, Metall chinesisch, beide spätes 18. Jahrhundert.

Amerika

Die ersten Versuche, Glas zu erzeugen, wurden wahrscheinlich 1608 und 1621 von englischen Siedlern in Jamestown, Virginia, unternommen. Sie schlugen fehl, und erst im 18. Jahrhundert konnte sich die Glasindustrie mit Erfolg entwickeln.

Caspar Wistar (1696–1752) gründete 1739 etwa dreißig Meilen südöstlich von Philadelphia eine Glashütte und nannte sie Wistarberg. Obwohl er hauptsächlich Fensterglas und Flaschen produzierte, wurden verschiedene Gefäßarten für den Tisch in Braun, Gelb, Grün, Blau und Türkis mit Wellenmuster und aufgelegten Fäden charakteristisch für Wistarberg. Künstler aus Deutschland und Holland arbeiteten für die Fabrik, die 1780 schloß. Unter Wistarbergs Einfluß entstand eine klare, gefällige Glasform, die frei geblasen und als Süd-Jersey-Stil bekannt wurde. Glas aus Süd-Jersey wies reizvolle reine Farben auf; besonders beliebt waren Amber, Grün und Aquamarin. Auf die untere Hälfte des Gefäßes aufgetragene Verzierungen aus Glas waren eine beliebte Dekoration. **163** Die Künstler der staatlichen Glashütte New York hielten in der zweiten Hälfte des 19. Jahrhunderts, bis etwa 1860, die Tradition von Süd-Jersey aufrecht.

Henry William Stiegel (1729–1785), von Beruf Schmied, gründete 1763 seine erste Glashütte in Elizabeth Furnace. 1769 gehörten ihm schon drei Fabriken in Pennsylvanien. Aus Deutschland und England wurden Glasarbeiter geholt, die Tafelgeräte aus gutem Flintglas herstellten und mit dekorativen Emailarbeiten in rustikalem, europäischem Stil bemalten, der dem deutschen Geschmack entsprach. In der Form geblasene, vorzugsweise amethystfarbene Gläser und sternförmige Schnittmotive sollen für Stiegels Hütte typisch sein.

Unter den einflußreichen Persönlichkeiten war John Frederick Amelung (1741–1798) der einzige, der als erfahrener Glasmacher auf der amerikanischen Szene arrivierte. Er kam 1784 in Begleitung von achtundsechzig Glasarbeitern aus allen Teilen Deutschlands und Böhmens nach Amerika. Bis Februar 1785 hatte er seine »New Bremen Glass Manufactory« in Maryland aufgebaut.

Erhaltengebliebene Pokale und Flakons in guter Glasqualität beweisen handwerkliches Können und fachgerechten Schliff in deutscher Art. Ausgegrabene Fragmente zeigen, daß Amelung auch geblasenes Reliefglas in verschiedenen Farben produzierte und mit Bleiglas experimentierte. Amelungs Glas ist wahrscheinlich das kunstvollste Produkt der amerikanischen Glasindustrie des 18. Jahrhunderts. Unglücklicherweise war die Hütte nach nur elf Jahren Arbeit im Jahre 1790 gezwungen, wegen übereilter Expansion und finanzieller Verluste nach einem Brand ihre Tätigkeit einzustellen.

Eine der ersten Hütten, die geschnittenes und geschliffenes Glasgerät in europäischem Stil herstellte, war die Pittsburgh Flint Glass Manufactory, die 1808 von Benjamin Bakewell und Edward Ensell gegründet wurde. **166** Bakewells Hütte erzeugte Bleiglas in besonders guter Qualität und stellte 1817 für Präsident Monroe ein wunderbares Tafelservice her.

Im Jahre 1818 wurde von Geschäftsleuten aus Boston, die die ehemalige »Bostoner Porzellan- und Glasgesellschaft« aufgekauft hatten, die »Neuenglische Glasgesellschaft« gegründet. Einer der Partner, Deming Jarves (1790–1869) richtete eine eigene Fabrik in Sandwich ein, die 1826 in die »Bostoner und Sandwich Glasgesellschaft« übernommen wurde. Nachdem Jarves seine Preßglasmaschine entwickelt hatte, verbreitete sich diese Technik sehr rasch und revolutionierte die Industrie in der ganzen Welt. **157**

Anfänglich wurde amerikanisches Preßglas aus gutem Bleiglas gefertigt. Um 1825 kam eine neue Verzierungsart in Mode, das sogenannte Spitzenglas, das durch viele kleine Punkte in der Gußform entstand. Das dichtgepunktete Muster des Spitzenglases wirkt wie Gewebe oder Stickerei und diente als Hintergrund für vielfältige Motive und Zeichnungen. **162** Die bekanntesten Objekte aus Preßglas sind kleine Schälchen, häufig mit Andenkenmotiven versehen, und hübsche Salzfäßchen – kleine Tröge im Empire- oder Rokokostil aus reinem farblosen oder gefärbten Glas. Formgeblasene oder gepreßte Taschenflaschen in vielen Farben mit bildlichen oder geschichtlichen Darstellungen waren von 1780 an modern und bieten ein interessantes Sammelgebiet.

Glaswerker aus französischen Hütten wurden von amerikanischen Gesellschaften angeworben, und ab Mitte

170 *Lampe von Tiffany.*

171 *Öllampe, geblasen, geschliffen und gepreßt, vermutlich Pittsburgh um 1835–40.*

170

171

des 19. Jahrhunderts konnte man Paperweights in verschiedenen Techniken herstellen. Besonders originell sind einzelne Früchte aus geblasenem Glas in naturalistischen Farben und natürlicher Größe. **155** Sie sind vermutlich Arbeiten oder Ideen von François Pierre, einem ehemaligen Mitarbeiter in Baccarat, und entstanden in der Hütte der »Neuengland Glasgesellschaft« zwischen 1853 und 1880. Offensichtlich gibt es dazu keine europäischen Gegenstücke.

Die Jugendstilbewegung löste überwältigende Reaktionen aus, die besonders das Werk von Louis Comfort Tiffany (1848–1933) beeinflußten. Er gründete 1878 die »Tiffany Glass and Decorating Company« und entwickelte in Experimenten mit Metallfolien und Einlagen eine Reihe von interessanten neuen Techniken. Der größte Erfolg war sein »Favrilglas«, ein irisierendes Glas in den Farben von Pfauenfedern. Tiffanys Einfluß wirkte sich deutlich auf das Kunstglas der Glasfabrik »Lötz Witwe« in Klostermühle, Böhmen, aus.

Im Jahre 1864 entwickelte William Leighton in der Wheeling Glasfabrik in Westvirginia einen billigeren Ersatz für Bleiglas. Für die Hersteller von qualitativ hochwertigem Glas bedeutete das den Untergang; sie waren gezwungen, ihre Produktion einzustellen.

Die »Neuengland Glasgesellschaft« stellte 1888 ihre Tätigkeit ein. Ihr Manager Edward Libbey ging nach Toledo in Ohio, wo bis auf den heutigen Tag gutes Glas erzeugt wird. Die »Corning Glaswerke«, 1875 durch die Fusion alter Firmen gegründet, gehört zur Zeit zu der »Steuben Glas Gesellschaft« die wertvolles Kristall herstellt.

Auf dem europäischen Markt taucht verständlicherweise nur wenig altes amerikanisches Glas auf. Tiffany ist mit seinen Niederlassungen in Europa gut vertreten, liegt aber ebenso wie die französischen Jugendstilarbeiten im Preis außerordentlich hoch.

172

172 *Krug mit Namen Henrich/ Anna Lisa Loo, Skanska Glasbruket (1691–1760), um 1750.*

173 *Englischer Glaspokal, datiert 1578, aus der Glashütte von Giacomo Verzelini.*

174 *Deckelpokal mit Monogramm Karls XII. von Schweden (1697–1718).*

China

Chinesisches Glas ist dickwandig, von glatter Struktur und etwas ölig im Griff. Die Kanten sind meistens abgeschliffen. Obwohl die Technik der Glasherstellung in China schon von der Antike her bekannt war, entstanden die schönsten Arbeiten erst im 18. Jahrhundert. Es waren meisterhafte Riechfläschchen aus der Zeit Chien Lungs (1735–1795). Mehr als Mittel zur Anwendung komplizierter Techniken, denn als künstlerisches Material betrachtet, läßt das Glas eine äußerst geschickte Bearbeitung erkennen, beispielsweise bei den meisterlich von innen bemalten Fläschchen und den kleinen geschnittenen Tieren aus edelsteinfarbigem Peking- und Mandaringlas. Der östliche Einfluß auf europäische Kunstformen weckte die Vorliebe des 18. Jahrhunderts für Chinoiserien; im späten 19. Jahrhundert lebte während der Jugendstil-Epoche das Interesse an japanischem Glas noch einmal auf. Von einem Besuch der Riechflaschensammlung des Victoria und Albert Museums in London nahm Gallé seine Anregungen für sein Kameeglas mit. Abgesehen von diesen Fläschchen ist feines chinesisches Glas selten. Parfüm- und Schnupftabak-Fläschchen werden viel gesammelt; die Preise sind noch annehmbar.

Spanien

Aufgrund seiner geografischen Lage und durch den Verlauf seiner Geschichte wurde die Entwicklung des Glases in Spanien sowohl vom Westen wie vom Osten beeinflußt. Rustikales Glas in hübschen Formen mit aufgelegten Dekorationen sind Überreste syrischer Techniken.

Im 16. und 17. Jahrhundert brachten venezianische und islamische Künstler zu den Emailmalereien noch die Latticinio-Technik, die bis ins 18. Jahrhundert beliebt blieb. Die »Almorrata«, ein Rosenwassergefäß, der »Cantaro«, eine Wasserkanne ähnlich der Teekanne, der »Porron«, eine Weinkaraffe mit langer Tülle, sowie Öllampen und Wandbecken wurden in Mengen als Hausgerät hergestellt. Die »Königliche Glasmanufaktur« von La Granja de San Ildefonso entstand 1728. Sie engagierte erfahrene Glasarbeiter aus ganz Europa. Die schönsten Dekors sieht man auf diamantgerissenen und vergoldeten Gläsern mit vorwiegend floralen Motiven, die auch in farbenprächtigen Emailmalereien erscheinen. Spanisches Glas wird von dem Durchschnittssammler nicht immer geschätzt und anerkannt. Deshalb sind die Preise recht niedrig, ausgenommen die ganz frühen Stücke mit Emailmalerei und die Gläser in Façon de Venise.

Rußland

Während die europäische Kunst unter dem Einfluß der Renaissance blühte, lag das kulturelle und künstlerische Leben Rußlands in den Fesseln mongolischer Herrschaft. Erst Mitte des 17. Jahrhunderts wurden einige Glashütten mit Hilfe schwedischer und italienischer Fachleute aufgebaut. Das Glas wurde hauptsächlich für den Zarenhof hergestellt. Die von Peter dem Großen zu Beginn des 18. Jahrhunderts gegründete Glashütte wurde aus diesem Grunde näher an die Hauptstadt St. Petersburg verlagert. Die beiden privaten Glasfabriken der Familien Maltsow und Bakmetjew brachten gutes Tafelglas heraus. Bakmetjew, ein talentierter Glasmacher, produzierte feine Luxusware mit Emailmalerei, Golddekor und Schliff sowie farbiges und Milchglas – ähnlich den Formen des französischen und böhmischen Kristalls. Zwischen 1753 und 1765 schuf Professor Lomonosow, nach Mißerfolgen mit Glas à la Façon de Venise, eine Reihe von hervorragenden Mosaikbildern, seiner bevorzugten Kunstform. Einen mehr bodenständigen und farbenfrohen Glas-Stil weisen einige Stücke des 19. Jahrhunderts aus den Fabriken der Bakmetjew und St. Petersburg auf. In ihren Mustern verschmelzen russische Folklore und byzantinische Überlieferung; sie sind in Emailfarben und Gold ausgeführt.

Auf allen Gebieten der russischen Kunst aus dem 19. Jahrhundert herrscht große Nachfrage, die sich in den Preisen bemerkbar macht. Weingläser mit Gravuren aus dem 18. Jahrhundert werden zu annehmbaren Preisen angeboten, wirklich schönes Glas aus dem 19. Jahrhundert ist jedoch selten.

Skandinavien

In Skandinavien folgte die Glaskunst einer eher konservativen Linie. Die zunächst sehr dünn geblasenen, venezianisch beeinflußten Gefäße wurden stabiler, um den Schleif- und Gravier-Techniken deutscher Einwanderer

173

standzuhalten. Sehr viel Glas wurde für den königlichen Haushalt angefertigt. Im späten 17. und frühen 18. Jahrhundert basierten schöne Leuchter und Tafelgläser auf englischen Entwürfen, und die Techniken verrieten ausgezeichnete Handwerksarbeit. Die Hütten in Kungsholm und Nestetangen bemühten sich mit ausländischer Hilfe um Verbesserung ihrer Produkte. Im 18. Jahrhundert kamen Glasbläser aus England und Gravierer aus Deutschland, darunter Heinrich Gottlieb Köhler und Villas Vinter, in die Fabriken. Noch heute wird besonders schönes Glas in den Werken von Orrefors und Kosta in Schweden und Haldeland und in den »Norsk Glassverk« in Mangor, Norwegen, erzeugt. Sie sind Nachfolger der alten Hütten des 18. Jahrhunderts und vertreten heute eine klare moderne Linie. Gelegentlich findet man noch erschwingliche glatte Karaffen.

174

Kleine Spezialitäten

175 *Englische Handschuhe aus dem 16. Jahrhundert. Von Heinrich VIII an Anthony Denny, einen Freund verschenkt. Stickerei in roter Seide und mit Silber- und Goldfäden.*

176 *Teekiste aus dem 18. Jahrhundert, in Indien für den englischen Markt hergestellt. Mit Elfenbein furniert und englischen Häusern graviert.*

Handarbeiten

Es gibt aus der Vergangenheit eine unübersehbare Zahl von Handarbeiten verschiedener Art und Herkunft, die ein faszinierendes Sammelgebiet ergeben.

Für die Stickerei des 17. Jahrhunderts ist in Amerika und England Stäbchenarbeit typisch. Das »Metropolitan Museum of Art« in New York besitzt einen sehr hübschen Spiegel in einem Schildpatt-Rahmen mit einer Zierleiste aus gestickten Vögeln und Figuren, außerdem einen für das ausgehende 17. Jahrhundert typischen Korb aus Perlenstegen auf Draht gezogen. Auf der Weltausstellung 1851 in England wurden wunderbare Handarbeiten aus ganz Europa gezeigt. Die Schweiz zum Beispiel bot gestickte Bilder, bestickte Taschentücher und Musselinkleider. Aus Frankreich kamen Schiffchenarbeiten, eine Art geknotete Spitze, und aus Irland Häkel-Kunsthandwerk.

Zu Beginn des 18. Jahrhunderts beschäftigten sich die Frauen mit der Anfertigung dekorativer Wandbehänge, meist mit floralen Mustern, und später mit kleinen hervorragenden Blumenbildern auf Seide, Twill, Stramin oder Papier. Typische Blumen zu dieser Zeit waren gestreifte Tulpen, Lilien, Vergißmeinnicht, Nelken, Moosröschen und Aurikeln.

Die von Frau Phillipson ins Leben gerufene kommerzielle Handarbeit begann etwa 1804. In Berlin griff Frau Witsch die Idee auf, und bis 1830 war man verrückt nach Berliner Wollarbeiten. Die viktorianischen Nadelarbeiten, um 1850 noch mit Perlen besetzt, bildeten einen fast häßlichen Kontrast zu den eleganten Erzeugnissen der Georgs-Zeit. Biblische Themen, romantische Troubadourbilder, Portraits der herrschenden Familien und Tiere auf Kissen, Stuhllehnen, Fußbänken und Hauskäppchen sind noch heute zu finden. Die exotischen Vögel wurden gerne in Smyrna-Stich gearbeitet, dessen aufgeschnittene Schlingen einem dicken Teppich gleichen. Beliebt waren auch »Patchwork« und dekorativ bestickte Ofenschirme.

Handarbeitskästen

Viktorianische Arbeitskästen und Holzschatullen findet man recht häufig. Sie sind aus Palisander, Nußbaum, Tonbridge-Mosaik, Seidenholz, chinesischem Lack und Schildpatt gefertigt. Elfenbeinschatullen kamen aus dem Fernen Osten, wurden aber nach europäischem Geschmack in kleine Fächer und Laden aufgeteilt. Die Außenseite der Kästen ist bunt und manchmal gepolstert. Einige Stücke aus der »Regency«-Periode wurden mit gepunztem Leder bezogen und haben in ihrem Innern eine getreue Nachbildung als Nadeldose. Schatullen mit Tonbridge-Mosaik zeigen zauberhafte Furnierungen aus verschiedenfarbigen Holzstreifen in Schachbrettmuster oder floralen und bildlichen Darstellungen. Diese kunstvolle Arbeit wurde in begrenztem Umfang auch in Amerika nachgeahmt, und zwar von Liebhabern und Handwerkern, die damit Tische und andere Objekte verzierten.

Diese Kästen sind zwar verhältnismäßig oft zu finden, ihre Ausstattung ist aber sehr unterschiedlich. Sie kann Stahlscheren enthalten; eine kleine Tonbridge-Schachtel für Nähseide; Plättchen in Schneeflockenform aus Elfenbein, Holz oder Perlmutt, die als Rollen für Nähseide und Garn dienten; Steck- und Nähnadeln; Garnwachs; Schachteln aus Perlen oder geschnitztem Elfenbein für Ahlen; oder stilettförmige Tambournadeln, die oft wie ein Mensch oder Tier aussahen und die zum Herstellen von Ketten benutzt wurden. Es gibt eine Nadel mit der Figur Napoleons, die vermutlich die Arbeit eines Kriegsgefangenen war. Nadelkissen in allen Formen und Größen sind vorhanden, Metallzwingen, manchmal mit einem Nadelkissen versehen, Spulenhalter und Nadeldöschen in großer Vielfalt. Mit Metallzwingen befestigte man vor der Erfindung der Nähmaschine die Säume von Tischdecken und Tüchern, um sich das Nähen zu erleichtern.

Fingerhüte und Chatelaines

Römische Metallfingerhüte hatten schon die gleiche Form wie unsere heutigen. Die ersten Fingerhüte waren gewöhnlich aus Knochen oder Holz und wurden wie ein Schild an den Finger gebunden. Beispiele aus dem 12. und 13. Jahrhundert findet man in den europäischen und amerikanischen Museen. Der Stolz der Sammlung ist manchmal ein Nadelschieber aus Stein, entstanden etwa 2000 v. Chr. in Ägypten.

Sammelnswerte Fingerhüte finden sich ab 1700 aus Silber oder verschiedenfarbigem Gold, graviert und mit Edelsteinen besetzt. Es gibt sie auch aus Porzellan, Perlmutter, Messing, Stahl, Kupfer und Elfenbein.

Im 18. Jahrhundert zählten Fingerhüte zum weitverbreiteten Tand. Gläserne Exemplare kamen aus Böhmen und Venedig, hölzerne aus Deutschland und Österreich, Fingerhüte aus Porzellan und Metall aus ganz Europa. Sie waren bei Frauen begehrt. Diese kleinen wertvollen Kostbarkeiten befanden sich sogar oft in eigenen Behältern aus Leder, Elfenbein, Holz, Schildpatt und Chagrinleder. Eine amerikanische Erfindung war die Hand aus Glas, auf deren Finger man die Fingerhüte aufbewahren konnte. Hölzerne Eicheln, Nüsse und Eier verschiedenster Art beherbergten Fingerhüte. Später wurden die luxuriösesten in Kästchen aus der Werkstatt Fabergés aufbewahrt.

Die Chatelaine war ein großer Metallring, entweder aus Silber oder Gold, oft auch aus Eisen, der am Gürtel der Hausfrau befestigt wurde. An diesem Ring hingen Scheren an kurzen Ketten, der Behälter mit dem Fingerhut, Schlüssel, ein Notizbuch, ein Bleistift, eine Nadelbüchse und andere ständig benötigte Dinge. Von 1800 bis 1840 kamen Chatelaines aufgrund der Mode außer Gebrauch, einige spätere Stücke sind noch erhalten. Die daran hängenden Gegenstände sind aber durchaus nicht immer die Originale.

Knöpfe

Knöpfe gibt es aus vielen verschiedenen Materialien. Wedgwood stellte sie zum Beispiel mit blaßblauen und weißen Medaillons in gestanztem Blech her, Meissen und andere Manufakturen machten sie aus Porzellan und französische Fabriken aus Glas. Eine Fundgrube für den Sammler ist das 18. Jahrhundert. Ihm bieten sich Exemplare, in denen Schmetterlinge, Raupen, Motten, Blumen, Muscheln und Gräser zwischen Glas und Metallrahmen eingeschlossen sind. Ebenfalls unter Glas sind Malereien spielender Damen in ländlicher Umgebung aus dem 18. Jahrhundert oder Drucke von Göttern und Göttinnen auf Papier. Porzellan-

177 *Vollständig gekleidete Puppe von Armand Marselle, um 1910.*

178 *Spielzeug-Fleischerei aus dem 19. Jahrhundert. Sie war als Verkaufsladen für Kinder eingerichtet.*

knöpfe gibt es in Sätzen, jeder mit einem anderen Bild desselben Themas. Sie wurden im 18. Jahrhundert vorwiegend von Frauen getragen.

Perlenarbeiten

Vermutlich findet man in dieser alten Kunst keine Stücke, die einer früheren Zeit als dem 17. Jahrhundert entstammen. Es sind sehr angenehme Arbeiten; denn ihre Farben verblassen nicht, und sie sind leicht zu reinigen. Heinrich VIII. trug mit venezianischen Perlen bestickte Wämser, und in nahezu allen Ländern waren die Staatsroben mit Glasperlen übersät. Zu Beginn des 17. Jahrhunderts wurden in England bunte Perlen hergestellt, die als Handelsware mit den Indianern dienten. Perlenstickereien waren von 1760 bis zum Ende des Jahrhunderts modern, und man fand kleine lebhaft gefärbte Perlen auf Taschen und Westen. Um 1820 kamen noch lebhaftere Farben aus Venedig, und gegen 1860 wurden die Perlen groß und plump. Webarbeiten zeichnen sich durch absolute Gleichheit der Perlen aus, zwischen deren waagerechten Reihen weder Fäden noch Schnüre zu sehen waren. Die ersten Perlen wurden geblasen. Glasperlen in opaken Farben entstanden im späten 18. Jahrhundert bis etwa 1850. Uhrentaschen mit Blumenmustern aus Kristall- oder Metallperlen, Bucheinbände, Pfeifenkästen, Kaffeemützen, Fußbänke und all die zahllosen Kleinigkeiten, die die Mädchen für Basare und Weihnachtsgeschenke anfertigten, geben einen Überblick über den Umfang der Perlenarbeiten im 19. Jahrhundert.

Sticktücher

Unter den besinnlichen Beschäftigungen unserer weiblichen Vorfahren nehmen die Sticktücher eine ganz wichtige Stellung ein. Die ältesten noch existierenden sind etwa dreihundert Jahre alt und bedeuteten für die Stickerin eine Art einfaches Notizbuch. Sie wurden sicher schon sehr viel früher angefertigt, denn der 1469 geborene Dichter John Skelton berichtete bereits darüber. Das englische Magazin »The Neddle's Excellency« aus der Mitte des 17. Jahrhunderts enthält eine Liste von damals gebräuchlichen Motiven wie »Blumen, Pflanzen, Fische, wilde Tiere, Vögel, Fliegen und Bienen«.

Sticktücher wurden in Deutschland, Frankreich, Spanien, Italien und Amerika gearbeitet. Das Museum of Fine Arts in Boston besitzt eine interessante Sammlung feinster Stickereien, die im Jahre 1746 von jungen Mädchen angefertigt wurden. Ihr Hauptmotiv ist eine fischende Frau, die der Sammlung ihren Namen gegeben hat. Ebenfalls in einem amerikanischen Museum in Bath liegt ein zauberhaftes Sticktuch aus dem Jahre 1774 von der elfjährigen Hannah Taylor.

In vielen Ländern stickten die Kinder regelrechte Musterbüchlein und freihändige Bilder ihrer Wohnungen, verziert mit selbstgemachten Versen oder dem Alphabet. Tücher mit Stopfmustern sind ebenfalls recht interessante Objekte.

Puppen

Über dieses Gebiet gibt es heute eine Menge sehr guter Literatur, besonders seit auch die Holzpuppen aus der Georgs-Zeit mit ihren primitiven stilisierten Gesichtern, den groben Lippen und tief dunkelbraunen Glasaugen in allen Ländern enorm hohe Preise erzielen. Hölzerne Puppen mit bemalten Gesichtern stellte man bis 1820 her. Zu ihnen gehören die sogenannten Fatschenpuppen, eine im Erz-

179 *Illustriertes Briefpapier mit Umschlägen aus dem späten 19. Jahrhundert.*

gebirge, Thüringen und im Bayerischen Wald handgeschnitzte Stabpuppenart. Der Kopf der sich nach unten verjüngenden Puppen war oft nicht einmal durch einen Hals vom Körper abgesetzt. Häufig wurden Steckkissen oder bäuerliche Motive auf die Körper gemalt. Die feineren Puppen mit Köpfen aus Papiermaché, Porzellan oder Biskuitporzellan wurden mit kunstvoll frisierten Perücken versehen und hatten Bälge aus Leinen oder Glacéleder. Besonders schön waren die Puppen der in London lebenden italienischen Familie Montanari. Sie setzten jedes Haar einzeln ein und gaben den Gesichtern große, strahlende Augen und den im 19. Jahrhundert geforderten kleinen Herzmund. Eine große Konkurrenz stellten die Jumeau-Puppen dar. Sie hatten drehbare Hälse und sehr schöne Augen aus Email.

Kostbare Puppen hatten ursprünglich eher die Funktion von Mode-Modellen als von Spielzeug. Erst mit der Verbreitung der Modejournale und später der Erfindung der Babypuppe wurden sie auch den Kindern überlassen. Die betont modische Kleidung stand jedoch weiter im Vordergrund. Sie bietet heute eine wichtige Orientierungshilfe für die Entstehungszeit der Puppe.

Weihnachtskarten und illustriertes Briefpapier

Im 19. Jahrhundert war das Briefeschreiben noch eine regelrechte Kunst. Deshalb schmückten unsere Vorfahren ihr Briefpapier auch gern mit Stichen von Landschaften, öffentlichen Gebäuden, Städteansichten oder geschichtlichen Ereignissen. Dem Sammler sei geraten, bei wirklich echten Stücken zuzugreifen, denn im Zeitalter der Telegrafie wird es wohl kein Wiederaufleben dieser Kunst geben. Geschäftskarten, die im 18. Jahrhundert besonders schön waren, werden mit Vorliebe gesammelt. Sie dienten sozusagen als Werbung und trugen feine Kupferstiche sowie elegante Schriftzüge.

Die ersten Weihnachtskarten hatten Bordüren aus Papierspitzen und sahen eher wie Liebesbriefchen aus. Der englische Hersteller Marcus Ward ließ sich von Walter Crane ausgezeichnete Karten malen. Später folgten Kalender, Neujahrs- und Geburtstagskarten von vielen bekannten Künstlern. Einige Neujahrskarten waren mit ausgeschnittenen Szenen von Christi Geburt geschmückt. Um 1890 kamen Karten mit witzigen Motiven auf. Sie waren meist Eintagsfliegen, haben aber heute wegen ihrer starken Verbreitung viele Freunde.

Illustriertes Briefpapier war besonders in Amerika während der Bürgerkriege beliebt. Charles Magnus in New York, der auch Weihnachtskarten herstellte, druckte sehr viele dieser Art. Ein frühes Motiv war die Unterzeichnung der Unabhängigkeitserklärung. Später kamen berühmte Monumente und Stadtansichten dazu. Der Versand von Postkarten wurde am 15. April 1873 in Washington zum erstenmal erlaubt.

Arbeiten von Kriegsgefangenen

Zwischen 1756 und 1815 wurden die Kriegsgefangenen aus Frankreich, Holland und Amerika auf elf Gefängnisse verteilt oder auf Schiffe verlegt, die als umgebaute Gefängnisse in den Buchten von Schottland und England ankerten. Für die Gefangenen gab es Märkte, die von örtlichen Geschäftsleuten mit Nahrungsmitteln und anderen Gütern beliefert wurden. Um sich den angebotenen Luxus leisten zu können, stellten die Gefangenen alle möglichen Gegenstände aus Knochen, Stroh, Holz, Horn und Papier her. Französische und holländische Tischler fertigten kleine Schreibtische und Kommoden an, aus Knochen wurden Schiffsmodelle, Kruzifixe, Burgen, Schachteln und sogar mechanisches Spielzeug geschnitzt. Da die Damen des 18. und 19. Jahrhunderts zum Zeitvertreib ähnliche Dinge anfertigten, ist ihre Unterscheidung oft schwer zu erkennen.

Spardosen und allerhand seltene Dinge

Spardosen aus Ton und Steinzeug wurden von den Töpfereien ganz Europas seit dem 17. Jahrhundert hergestellt. Sie hatten die Form von Tieren, Häusern, Käfigen, Büchern und Pokalen mit Deckeln, die nicht zerschlagen werden mußten und deshalb noch erhalten sind. Das Sparschwein entstammt dem 17. Jahrhundert und ist mit dem Antoniusschwein, das als Spende den Armen gegeben wurde, verwandt.

Spar-Automaten scheinen in Amerika erfunden worden zu sein. Sie bestanden aus Gußeisen und hatten meist menschliche Formen. Der berühmteste Automat ist wohl der geldschluckende Neger aus der zweiten Hälfte des 19. Jahrhunderts. Spar-Automaten wurden in Deutschland, Frankreich und England nachgebaut, bis Amerika seine Modelle patentieren ließ und die europäischen Fabrikanten gezwungen waren, eigene Modelle zu entwickeln.

Zu den verschiedensten antiken Sammel-Objekten gehören noch Barometer, lederne Visitenkartentaschen, Schachfiguren, Fächer, Zinn, Kupfer, Teelöffelchen, Musikinstrumente und Haus- und Küchengeräte. Auch die Schulräume vergangener Zeiten bargen faszinierendes Zubehör. Da gab es Lesefibeln, Rechenmaschinchen, Spiele, alte Globen und Landkarten, Notiz- und Liederbücher. In England fand ein Sammler unlängst eine Mahagonischatulle, die wie ein tragbares Museum eingerichtet war. Sie wird wohl von einem reisenden Lehrer oder Erzieher benutzt worden sein oder von einem Dorfschulmeister der viktorianischen Zeit.

"Miss Fanny has a Machine all to herself!
" Now mind and go a long way out."
My dear little Carrie
Mamma thanks
you for your
letter she is very
Market Scene
North Wales
OPOSSUM. "What is new in winter styles?"
HARE. "Ears and hind legs are to be worn long - tails short."
Ludwig Richter-Postkarten,
Serie II Nr. 12
Ludwig Richter-Postkarten,
POSTAGE TWO PENCE.
With Dorothy's love

Bildquellenverzeichnis

180 *Dieser Tisch sieht auf den ersten Blick nach Tonbridge Mosaik aus; er ist aber orientalischen Ursprungs. Die Perlmuttereinlagen und die maurischen Bogen an den Beinen weisen darauf hin. Entstanden um 1880.*

Der Herausgeber dankt den folgenden Personen und Organisationen für ihre Erlaubnis zur Reproduktion der Bilder:

American Museum, Bath **24**
Asprey + Co, London **55**
Ayer, London **18**
Barling, London **10**
Bly, John, Tring, Hertfordshire **4**
Cameo Corner, London **61**
Cheshire, E. M., Nottingham **23**
Christie, Manson and Woods, London **2, 3, 5, 14, 22, 25, 26, 54, 74, 77, 81, 166, 169**
Corning Glass Museum, New York **156, 158, 163–165, 167, 171**
Delomesne, London **148**
Dennis, Richard, London **162**
Fritzwilliam Museum, Cambridge **75, 174**
Gentle, Rupert, Pewsey **176, 178**
Godden, Geoffrey, Worthing **78, 80**
Goodwood House, Sussex **51**
Greenwood, W. F., Harrogate **15**
Ham House, Surrey **13**
King and Chasemore, Pulborough, Sussex **160**
Launert, Dr. Edmund **170**
Mallett, London **145**
Mallet of Bourdon House, London **129**
Museum für angewandte Kunst, Prag **152**
Nationalmuseum, Prag **168**
Nordiska Museum, Stockholm **173**
Parke-Bernet Galleries, New York **28, 31, 35, 36, 38, 44**
Pembroke Antiques, Hampton, Virginia **7**
Philp, Peter, Cardiff **12**
Pinn, W. A., South Dunstable, Bedfordshire **6**
Rolex, Genf **47, 48**
Sack, Israel, New York **19, 20**
Sladmore Gallery, London **144**
Sotheby + Co Ltd, London **1, 27, 29, 30, 33, 34, 37, 39–43, 46, 60, 76, 79, 107–128, 130–143, 146, 159**
Steppes Hill Farm Antiques **45**
Studio Wreford **17**
Temple Newsam House, Leeds **8**
Tillman, Alan, London **157**
Trevor, London **17**
Victoria und Albert Museum, London **9, 16, 32, 83–93, 96–105, 153, 161, 177, 180**
Wilkinson, R. London **149**
William Penn Memorial Museum, Harrisburg, Pennsylvanien **106**